"영어는 무작정 외워야 하는 줄 알았다.
그런데 이 책을 훑고 나니,
영문법이 머릿속에 그려지기 시작했다.
이제, 영어가 우리말처럼 이해된다!"

- 20대 후반 영포자 -

목차

Chapter 1 **자동사 문장 이해하기**

- **Day 1** 명사와 전치사 — 012
- **Day 2** 다양한 의미의 전치사 — 016
- **Day 3** 주어와 자동사 — 020
- **Day 4** 수일치와 부정 — 024
- **Day 5** 정관사와 부정관사 — 028

Chapter 2 **타동사 문장 이해하기**

- **Day 6** 타동사와 목적어 — 036
- **Day 7** 형용사와 명사 — 040
- 이것만은 꼭! **1** 인칭대명사의 활용 — 044
- **Day 8** 현재분사 vs. 과거분사 — 046
- **Day 9** 형용사 vs. 부사 — 050
- **Day 10** 동사의 과거형 — 054
- **Day 11** 미래의 조동사 will — 058
- **Day 12** 진행형 — 062
- **Day 13** 현재완료 - 결과 — 066
- **Day 14** 현재완료 - 지속 — 070
- **Day 15** 현재완료 - 경험 — 074
- **Day 16** 과거완료 — 078
- 이것만은 꼭! **2** 현재완료와 과거완료 — 082
- **Day 17** 가능의 조동사 can — 084
- **Day 18** 허가의 조동사 may — 088
- **Day 19** 충고의 조동사 should — 092
- **Day 20** 의무의 조동사 must — 096

| Day 21 | 조동사 have 과거분사 | 100 |

이것만은 꼭! 3 조동사와 과거형 — 104

Chapter 3 다양한 형식의 문장 이해하기

Day 22	2형식 문장 I	110
Day 23	2형식 문장 II	114
Day 24	4형식 문장	118
Day 25	5형식 문장 I	122
Day 26	5형식 문장 II	126
Day 27	수동태	130

이것만은 꼭! 4 문장의 5형식 — 134

Day 28	현재분사 vs. 동명사	136
Day 29	to부정사 I	140
Day 30	to부정사 II	144
Day 31	to부정사 III	148

이것만은 꼭! 5 동사로 만든 품사들 — 152

Chapter 4 접속사로 이어진 문장 이해하기

Day 32	명사접속사 I	158
Day 33	명사접속사 II	162
Day 34	형용사접속사(=관계사) I	166
Day 35	형용사접속사(=관계사) II	170
Day 36	부사절 접속사 I	174
Day 37	부사절 접속사 II	178
Day 38	등위접속사와 상관접속사	182

진짜 이해되는 영문법이 필요하다면?
매일 10분 왕기초 영문법!

왕기초라면 '해석법'부터!

영어 왕기초라면 누구나, '회화 잘하고 싶다', '작문 잘하고 싶다'라는 막연하고 먼 소망보다 **'무슨 말인지 알아먹고 싶다!'**라는 다급함을 훨씬 더 많이 느낄 텐데요.

그 직관이 바로 영어 공부의 왕도입니다! 저명한 외국어 교육학자 Stephen Krashen 교수, Merrill Swain 교수에 따르면, 영어 실력은 **'이해할 수 있는 말(Comprehensible Input/Output)'**을 접할 때에만 느끼까요. 그러니, 왕기초라면 '해석법'부터 공부해야 합니다.

해석법이 곧 '문법'!

영어 왕기초가 '문법'을 공부해야 하는 이유도 바로 '해석'하기 위해서랍니다! '이건 안 돼!'라고 혼내기만 하는 문법은 잊어버리세요! <매일 10분 왕기초 영문법의 기적>에는 **당장 영어가 읽히는 직관적인 문법 설명들**만 실려 있습니다.

'비교'하면 이해가 쉽다!

전치사와 명사, 과거시제와 과거완료처럼 함께 비교하며 배우면 쉬운 문법들이 많습니다. <매일 10분 왕기초 영문법의 기적>에서는 **함께 배울 때 더 잘 이해되는 문법들을 짝지어**, 왕기초라도 충분히 이해할 수 있도록 구성하였습니다.

> ### 1 어느 한 놈 vs. 바로 그 놈
>
> 우연히 마주친 '한 사람'이 내가 찾던 '그 사람'이라니! 지나가던 행
> 1의 '부정관사', 스포트라이트를 비춘 주인공의 '정관사'를 배워봅시
>
> (어느) 한 사람 vs. (바로) 그 사람 >> **a** man vs. **the** man
>   부정관사   정관사

'상황'이 보이면 이해가 쉽다!

아 다르고, 어 다른 사람 말. 사용하는 맥락이나 상황이 보이면 더 쉽게 이해됩니다. <매일 10분 왕기초 영문법의 기적>에는 **활용 맥락이 한눈에 보이는 일러스트**가 매 DAY마다 실려 있어, 더 쉽게 공부할 수 있습니다.

매일 10분 왕기초 영문법
훈련 매뉴얼

STEP 1 왕기초 해석법 살펴보기 »

각 DAY에서는 두 가지의 문법 포인트를 비교하며 제시한다. '왕기초 해석법'에서 이 두 가지 문법 포인트의 해석법을 읽어보며, 각각이 어떻게 해석되는지, 두 해석법에는 어떤 차이가 있는지 가볍게 살펴보자. 그 후 왼쪽에 제시되어 있는 일러스트를 살펴보면, 두 가지 문법 포인트가 사용되는 상황이나 맥락이 직관적으로 이해될 것이다. 페이지 하단에 제시되는 '핵심 TIP'까지 살펴보면, 이 문법이 실제로 문장에서 어떻게 사용되는지 살펴볼 준비는 어느 정도 끝난 것이다.

STEP 2 기초 해석 훈련 »

STEP 1이 끝났다면 바로 오른쪽 페이지에 있는 '해석은 이렇게' 코너를 살펴보자. 짧은 구 정도 길이의 대표적인 예시들이 먼저 제시되고, 그 예시들을 그대로 활용한 문장 예문들이 아래에 제시된다. 해석법을 적용해보는 첫 훈련이기 때문에, 바로 능숙하게 해석이 될 거라고 생각하기보다는, 어떤 맥락에서 사용되는지, 어떤 경우의 수가 있는지를 눈으로 보고 익힌다고 생각하는 편이 좋다.

해석은 이렇게

현재분사 vs. 과거분사 확인하기

| a baby crying | 울고 있는 한 아기 |
| boiling water | 끓는 물 |

응용 현재분사 vs. 과거분사

Cook the pasta in boiling water.
요리해라 / 그 파스타를 / 끓는 물에.

현재분사 vs. 과거분사

1 동사로 만든 형용사, 분사

'노래하는 새'가 영어로 뭘까요? a bird sing? sing bird?
정답인 'a bird singing'을 말할 수 있게 해주는 분사를 알아

노래하는 새 » **a bird** singing
              명사   분사

하고 있는 현재분사

노래하는
'하는, 하고 있는' 무엇을 만드는 말입니다. 동사에 -ing를 더해서 형용사와 같은 역할을 합니다.

sing 노래하다   **a bird** singing 노래

STEP 3 실전 해석 훈련

페이지를 넘기면 '응용 훈련' 코너가 나온다. 그날 배운 문법의 활용법을 가장 잘 보여줄 수 있는 7개의 대표적인 문장들을 정리해 두었다. 이 예문들은 각각 단어 힌트와 함께 제시되어 있으며, 이 예문들을 해석하는 데 꼭 필요한 문법 힌트들이 페이지 상단에 정리되어 있다. 문장을 해석하며 막히는 부분이 있다면, 이 단어 힌트와 문법 힌트들을 참고해보자. 자신이 정확하게 해석한 것이 맞는지 확인해보고 싶다면, 페이지 하단의 '해석 확인' 부분을 살펴보면 된다.

한 번씩 문장을 스스로 해석해본 뒤에는 함께 제공되는 MP3 음원을 들으며 문장을 암송해보자.

3 응용 연습

sleeping 잠자는   singing 노래하는

1. Hold the sleeping baby.
2. My sister loves fried chicken.
3. The winning team gets a prize.

STEP 4 상황 회화와 마무리 정리

DAY의 마지막에는 그날 배운 문법 포인트의 핵심 해석법과 대표 예문이 제시된다. 각 문법 포인트의 해석법을 보지 않고도 기억해낼 수 있는지, 대표 예문들은 자신 있게 해석할 수 있는지 점검해보자. 그 후에는 페이지 하단에 제시되어 있는 짤막한 '실전 응용' 상황 회화를 통해, 그날 배운 문법 포인트가 어떤 맥락에서 활용되는지 다시 한 번 떠올려보자.

4 핵심 마무리

현재분사 '동사-ing' 형태의 형용사. '하는, 하고 있는 무엇'을 만드는 말

crying   dancing   boiling
울고 있는 춤추는   끓는

학습이 어느 정도 끝난 뒤에는, 챕터의 마지막에 제시되는 '챕터 리뷰'들을 활용해보자. 일일이 책을 들춰보지 않고도 각각의 문법 해석법을 기억해낼 수 있는지 점검해보면 좋다.

문장의 구조

영어 문장의 여섯 가지 기본 구조입니다

1형식
주어 + 자동사 (+ 전치사구)
I go to the U.S.
나는 미국에 간다.

2형식
주어 + 2형식 동사 + 보어

- 변화동사   It grows dark. (날씨가) 어둡게 된다.
- 상태동사   He is smart. 그는 똑똑하다.
- 감각동사   I feel happy. 나는 행복하다고 느낀다.

3형식
주어 + 타동사 + 목적어
I love you.
나는 너를 사랑한다.

4형식
주어 + 수여동사 + 간접목적어 + 직접목적어
I give her a doll.
나는 그녀에게 인형을 준다.

5형식
주어 + 5형식 동사 + 목적어 + 보어

- 사역동사   You make me smile.
너는 나를 미소 짓게 한다.
- 지각동사   I saw him write a letter.
나는 그가 편지 쓰는 것을 보았다.

복문
주어 + 동사   접속사   [주어 + 동사] ← 문장(절)
I think that the flower is beautiful.
나는 그 꽃이 아름답다고 생각한다.

문장의 구성 요소

**영어 문장을 이루는
기본 구성 요소입니다**

전치사 전치사 + 명사	● **방향의 전치사** to ~로 **장소의 전치사** in ~에	● **시간의 전치사** at ~에	● **다양한 의미의 전치사** of, with, for
명사 주어, 보어, 목적어	● **명사, 대명사** book 책 she 그녀	● **to부정사** ~하기 **동명사** ~하는 것	● **명사절 접속사** 접속사 의문사
형용사 보어, 명사를 꾸며주는 말	● **형용사** fresh water 신선한 물	● **to부정사** ~하는 **분사** 현재분사(~하는) 과거분사(~되는)	● **형용사절 접속사** 관계대명사 관계부사
부사 동사, 형용사, 부사, 문장 전체를 꾸며주는 말	● **부사** talk fast 빠르게 말하다	● **to부정사** ~하기 위해서 ~하게 됐다 ~해서	● **부사절 접속사** 접속사 분사구문
동사 문장의 형태를 결정하는 품사	● **시제** do → did **부정문** do → don't **수일치** do → does	● **조동사** will, can, may, should, must	● **수동태** ~하게 됐다

매일 10분
왕기초 영문법의 기적

Chapter 1.

(1형식) 자동사 문장 이해하기

1형식

I go to the U.S.
나는 미국에 간다.

주어 + 자동사 (+ **전치사구**)

↓ ↓
명사, 대명사, 관사   방향·장소·시간 전치사
                  다양한 전치사 & 구

수일치

She does go to the U.S.
그녀는 미국에 간다.

I + do ➡ She + does

부정문

He doesn't go to the U.S.
그는 미국에 가지 않는다.

do · does ➡ don't · doesn't

DAY 01.
명사와 전치사

1) 명사 앞에 전치사, 전치사 뒤에 명사

'학교로'를 영어로 하면 뭘까요? school? 어, 이건 '학교'인데? 그럼 '로'는 뭐지? 'to school 학교로'를 말할 수 있게 해주는 '명사'와 '전치사'를 알아봅시다.

학교로 » **to   school**
　　　　전치사　명사

왕기초 해석법

명사는 **무엇, 누구**를 떠올리세요

'이거는 뭐야?', '저거는 누구야?'라고 묻는 말에 대답해 줄 수 있는 모든 말로, **무엇, 누구를 부르는 명칭**이기 때문에 명(名)사라고 부릅니다. 전치사 뒤에 오는 무엇입니다.

| **winter** 겨울 | **work** 직장 | **Korea** 한국 |

전치사는 **~로**를 떠올리세요

'무엇', '누구' 뒤에 오는 '~로, ~에' 같은 말들로, 우리말에서는 학교**로**, 여름**에**와 같이 명사의 뒤에 옵니다. 영어에서는 to나 in이 **명사 앞에 붙습니다**. 그래서 **전**(前)치사라고 부릅니다.

| **in** ~에 | **to** ~로 | **on** ~(위)에 |

핵심 TIP

in + **winter** = 겨울**에**
전치사　　명사

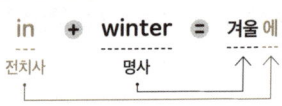
》 한국어랑 어순이 반대!

② 해석은 이렇게

전치사+명사 확인하기

to work	직장으로
in school	학교(안)에
at* the hotel	*그 호텔(지점)에
on bread	빵 위에
with the knife	나이프로
for you	너를 위해

* the + 명사 = 듣는 사람이 알만한 '그것' **DAY 05. 참고**

문장 속 전치사+명사

I study **in Korea**.
나는 공부한다 / 한국에서.

We stay **at the hotel**.
우리는 머문다 / 그 호텔에.

I work **for the government**.
나는 일한다 / 정부를 위해.

Spread butter **on bread**.
버터를 펴 발라라 / 빵(위)에.

③ 응용 연습

in 무엇 (안)에   **on** 무엇 (위)에   **at** 무엇(=지점)에

under 무엇 아래에   **with** 무엇과 함께 / 무엇으로

→ 위의 전치사들을 복습하고, 아래 문장들을 해석해보세요.

1. They go **to work**.

2. Get **to the point**.
   요점

3. Everything is **under control**.*
   통제

4. Spread butter **on bread for the kids**.
   아이들

5. Spread butter **on bread with the knife**.
   나이프

6. Stay **at the hotel with the president**.
   사장님

7. I am **in the office with the president**.*
   사무실

* be 동사 + 전치사구 = 어디에 있다 `DAY 22. 참고`

해석 확인

1. 그들은 **직장으로** 간다.
   [= 그들은 직장에 다닌다]

2. **요점으로** 가라. [= 요점만 말해]

3. 모든 것이 **통제 아래** 있다.
   [= 통제되고 있다]

4. **아이들을 위해 빵에** 버터를 펴 발라라.

5. **나이프로 빵에** 버터를 펴 발라라.

6. **사장님과 함께 그 호텔에** 묵어라.

7. 나는 **사장님과 함께 사무실 안에** 있다.

④ 핵심 마무리

전치사

명사 앞에 와서 'to school = 학교로'를 말할 수 있게 해주는 전(前)치사

in ~에	to ~로	at ~에
of ~의	under ~아래에	on ~(위)에

Sea of Korea
한국의 바다(=한국해)

명사

"이거는 뭐야?", "저거는 누구야?"
'무엇과 누구'를 부르는 명칭, 명(名)사

Korea 한국	winter 겨울	bread 빵
school 학교	work 직장	sea 바다
office 사무실	hotel 호텔	

▼ 실전 응용

 Where are you going? 너 어디 가니?

To work. 직장에(간다).
To school. 학교에(간다).

DAY 02.
다양한 의미의 전치사

① 다양한 의미의 전치사 정리하기

원어민들은 왜 in, on, at을 장소의 전치사로도 쓰고, 시간의 전치사로도 쓰는 걸까요? 시공간을 나타내는 전치사들부터 다양한 의미의 전치사까지 한번 정리해봅시다!

미국에 » **in** the U.S.   한국의 은행들 » banks **of Korea**

왕기초 해석법

학교에   친구와

시공간을 나타내는 **전치사**

공간상의 **지점**을 나타내는 전치사는, **시간상의 지점**을 나타내기도 합니다. 'in Korea 한국에서', 'in March 3월에'와 같이 **장소** 또는 **시간**을 나타내는 명사 앞에서 사용됩니다.

at (장소·시간)에   **on** (장소·시간)에   **in** (장소·시간)에

다양한 전치사 = 링컨을 기억하자

'**of** the people, **by** the people, **for** the people 국민**의**, 국민**에 의한**, 국민**을 위한**'이라는 링컨의 유명한 연설에서처럼, 전치사는 위치와 시간 외에도 다양한 의미를 지닙니다.

of ~의   **by** ~에 의해   **for** ~을 위해, ~동안에

핵심 TIP

at 1차원
지점
at the park 공원에
시각
at 10 a.m. 오전 10시에

on 2차원
접촉면
on the beach 해변에
날짜
on Sunday 일요일에

in 3차원
공간
in the city 도시에
기간
in 2017 2017년에

» 장소 전치사, 시간 전치사는 같은 위계!

② 해석은 이렇게

다양한 전치사 확인하기

in the jungle	밀림에
in London	런던에
on Monday	월요일에
the Statue of Liberty	자유의 여신상
for holidays	휴일 동안
for the team	팀을 위해

문장 속 다양한 전치사

I work on Monday.
나는 일한다 / 월요일에.

Hippos live in the jungle.
하마들은 산다 / 밀림에서.

The Statue of Liberty still stands in America.
자유의 여신상은 / 여전히 서 있다 / 미국에.

They run for the team.
그들은 뛴다 / 팀을 위해.

③ 응용 연습

| of 무엇의 | from 무엇에서부터 | around 얼마쯤, 대략 |

| for 무엇을 위해 / 얼마 동안 | with 무엇과 함께 / 무엇으로 |

➜ 위의 전치사들을 복습하고, 아래 문장들을 해석해보세요.

1. **The banks of Korea close for holidays.**
   휴일

2. **I work for Samsung in the IT department.**
   IT부서

3. **Most coffee beans come from Africa.**
   대부분의 커피콩

4. **Water boils* at 100 degrees Celsius.**
   섭씨온도

5. **Classes start on September 1.**
   9월

6. **Most schools start around 9.**

7. **Queen Elizabeth* lives in London.**
   엘리자베스 여왕

* 주어가 '그 사람, 그것'이면 동사 + (e)s **DAY 04. 참고**

▼
해석
확인

1. 한국의 은행들은 휴일 동안 닫는다.
2. 나는 **삼성을 위해** IT부서에서 일한다 (= 삼성의 IT부서에서 일한다).
3. 대부분의 커피콩들은 **아프리카에서** 온다.
4. 물은 섭씨 100 도에서 끓는다.
5. 수업들은 **9월 1일**에 시작한다.
6. 대부분의 학교들은 **아홉시쯤** 시작한다.
7. 엘리자베스 여왕은 **런던에** 산다.

④ 핵심 마무리

시공간의 전치사
공간과 시간을 나타낼 수 있는 시공간의 전치사

at (장소·시간)에　**on** (장소·시간)에　**in** (장소·시간)에

다양한 전치사
다양한 의미를 지닐 수 있는 전치사

of ~의　　**around** ~쯤, 대략　　**from** ~에서부터

for ~을 위해 / ~동안　　**by** ~에 의해 / ~(수단)으로

with ~과 함께 / ~을 가지고

실전 응용

 How do you go to work? 너 어떻게 직장에 가니?

By train. 기차로 (가).

Then I arrive around 8:30. 그러면 8시 30분쯤 도착하지.

DAY 03.
주어와 자동사

① 주어가 '동사'한다

여러분은 매일 무엇을 하나요? 직장에 가고, 식사하고, 집에 가고…
다양한 행동을 가능케 해주는 주어와 동사를 배워봅시다.

내가 걷는다 >> I walk
             주어 동사

왕기초 해석법

내가
걷는다

주어는 누가, 무엇이

동사의 앞에서 문장을 시작하는 말로, **누가, 무엇이**라고 해석
됩니다. 오직 **명사**들만 **주어**가 될 수 있습니다.

| I 나 | Bill Gates 빌 게이츠 | birds 새들 |

자동사는 주어가 한다

자동사는 'go 가다', 'walk 걷다', 'come 오다'처럼 주어가
하는 것을 나타내는 말입니다.

| go 가다 | walk 걷다 | come 오다 |

핵심 TIP

You go to the U.S.
→ Go to the U.S. 미국으로 가라.

>> 주어를 생략하면 명령할 수 있어요!

② 해석은 이렇게

주어+자동사 확인하기

I walk	내가 걷는다
We work	우리가 일한다
They run	그들이 달린다
They live	그들이 산다
We come	우리가 온다
We go	우리가 간다

문장 속 주어+자동사

I walk to school.
내가 걸어서 간다 / 학교에.

We work at Samsung.
우리가 일한다 / 삼성에서.

They live in New York.
그들이 산다 / 뉴욕에서.

Go home.
가라 / 집으로.

③ 응용 연습

| Mom and I 엄마와 나 | students 학생들 | birds 새들 |
| live 살다 | run 달리다 | work 일하다 |

→ 위 단어들을 주어와 동사로 나눠보고, 아래 문장들을 해석해보세요.

---

1. **We work** with Bill Gates.

2. **They work** at an IT company.
   IT회사

3. **Birds live** in trees.

4. **Run** on the track.
   트랙, 경주로

5. **They come** to the U.S. on Friday.

6. **Mom and I walk** to the market.
   시장

7. **Students go** to school every day.
   매일

해석 확인

1. 우리는 빌 게이츠와 함께 **일한다**.
2. 그들은 IT회사에서 **일한다**.
3. 새들은 나무에서 **산다**.
4. 트랙 위를 **달려라**.
5. 그들은 금요일에 미국으로 **온다**.
6. **엄마와 나는** 시장으로 **걸어간다**.
7. **학생들은** 매일 학교에 **간다**.

④ 핵심 마무리

주어

> 문장의 **시작**. 동사의 **앞**에서 '**누가, 무엇이**'로 해석되는 **명사**

I 나	We 우리	They 그들
Students 학생들	Birds 새들	Bill Gates 빌 게이츠

여러 개는 명사 + (e)s

자동사

> 주어가 '**하는**' 것을 나타내는 **동사**

live 살다	come 오다	go 가다
walk 걷다	work 일하다	run 달리다
get 이르다	move 이동하다	

동사로 시작하면 명령문

실전 응용

🧑‍🦰 What do you do? 당신은 뭐 하시나요? (무슨 일을 하시나요?)

I **work** at an IT company. 저는 IT회사에서 **일해요**.

I **work** with Bill Gates. 저는 빌 게이츠와 함께 **일해요**.

DAY 04.
수일치와 부정

① 동사 변화가 쉬워지는 do

really(정말, 진짜)의 뜻으로 쓰이는 강조의 do! 강조의 do 하나로 동사 변화를 쉽게 익힐 수 있다? 복잡한 동사 변화, do와 함께 공부해봅시다!

강조의 do
She does live here. » live + -s **She really lives here.**
그녀는 정말 산다 여기에. 그녀는 정말 산다 여기에.

왕기초 해석법

수일치가 쉬워지는 do → does

'나', '너'가 아닌 하나의 '그 사람, 그것'을 3인칭 단수라고 합니다. 이 주어의 동사들에는 -(e)s를 붙여야 하는데요. do에 es를 붙여 쓰는 것부터 연습하면 쉽습니다.

do live → live   does live → lives

부정이 쉬워지는 do + not

~하지 않았다라는 뜻의 문장을 **부정문**이라고 하는데요. do에 not만 붙이면 쉽게 부정문을 만들 수 있습니다. do not은 **don't**로, does not은 **doesn't**로 줄여 쓸 수 있습니다.

don't live   doesn't live

핵심 TIP

1인칭 이쪽
I 나는
We 우리는

2인칭 그쪽
You 너는
You 너희는

3인칭 저쪽
He, She, It 그는, 그녀는, 그것은
They 그들은, 그것들은

» 3인칭 단수 = 그 사람, 그것

② 해석은 이렇게

do로 연습하는 수일치와 부정

They do go	그들은 정말 간다
They go	그들은 간다
He does sleep	그는 정말 잔다
He sleeps	그는 잔다
It walks	그것은 걷는다
It doesn't walk	그것은 걷지 않는다

문장 속 수일치와 부정

They go to school.
그들은 간다 / 학교에.

I don't work on Tuesdays.
나는 일하지 않는다 / 화요일에.

It arrives tonight.
그것은 도착한다 / 오늘 밤에.

She doesn't live in Korea.
그녀는 살지 않는다 / 한국에.

③ 응용 연습

> The bus 그 버스   It 그것   He/She 그/그녀
>
> 3인칭 단수 주어 + does

➜ 주어에 따른 do의 형태를 복습하고, 아래 문장들을 해석해보세요.

---

1. She works on weekends.
　　　　　　　　주말

---

2. We don't come here often.
　　　　　　　　　　자주

---

3. It doesn't sleep on the bed.

---

4. The bus arrives by midnight.
　　　　　　　　　　자정

---

5. They fly south during winter.
　　　　　　남쪽으로

---

6. I live near the river in New York.

---

7. He doesn't go to dinner with coworkers.
　　　　　　　　　　　　　　　　동료

해석
확인

1. 그녀는 주말에 **일한다**.
2. 우리는 이곳에 자주 오지 **않는다**.
3. 그것은 침대 위에서 자지 **않는다**.
4. 그 버스는 자정까지는 **도착한다**.
5. 그들은 겨울 동안 남쪽으로 **날아간다**.
6. 나는 뉴욕에서 강 근처에 **산다**.
7. 그는 동료들과 저녁을 먹으러 가지 **않는다**.

④ 핵심 마무리

수일치

주어가 하나의 '그 사람, 그것'일 때
'do → does'처럼 동사 뒤에 -(e)s

The boys (do) go to the park.
그 소년들은 공원에 간다.

He does go(→goes) to the park.
그는 공원에 간다.

부정

"~하지 않았다"는
do not (= don't), does not (= doesn't)

I don't live in the U.S.
나는 미국에 살지 않는다.

She doesn't live in Korea.
그녀는 한국에 살지 않는다.

not을 n't로 줄여서요!

실전 응용

Does she live in Korea? 그녀는 한국에 사니?

No, she doesn't live in Korea.
아니, 그녀는 한국에 살지 않아.
She lives in the U.S. 그녀는 미국에 살아.

DAY 05.
정관사와 부정관사

① 어느 한 놈 vs. 바로 그 놈

우연히 마주친 '한 사람'이 내가 찾던 '그 사람'이라니! 지나가던 행인 1의 '부정관사', 스포트라이트를 비춘 주인공의 '정관사'를 배워봅시다!

(어느) 한 사람 vs. (바로) 그 사람 » a man vs. the man
　　　　　　　　　　　　　　　　　부정관사　　정관사

왕기초 해석법

바로 그, 정관사 the

앞서 얘기했거나 하여 **상대가 이미 알 만한 '그것'**을 나타내는 관사입니다. **특정한 것**을 짚어낼 때 사용하기 때문에 **정(定)관사**라고 부릅니다. **지시대명사**(that)나 **대명사**(it)를 떠올리면 쉽습니다.

that cat 저 고양이 → **the** cat (바로) 그 고양이

어느 하나, 부정관사 a(n)

앞서 얘기하지 않아 **상대가 모르는 '어느 하나'**를 나타내는 관사입니다. 일반적인 것들 중 **하나**를 나타내는데, **정해지지 않았다** 해서 **부정(不定)관사**라고 합니다. **one**(하나)처럼 사용됩니다.

one cat 한 고양이 → **a** cat (어느) 한 고양이

핵심 TIP

- I like **the** first one. (여러 개 중 그) 첫 번째 것이 좋아.
- **The** repairman came. (네가 부른 그) 수리공이 왔어.

» 알 만한 것은 모두 the!

② 해석은 이렇게

the와 a(n) 확인하기

a bus	(어느) 한 버스
a store	(어느) 한 상점
*an apartment	(어느) 한 아파트
an ocean	(어느) 한 바다
the park	(바로) 그 공원
**the actor	(바로) 그 배우

명사가 모음 발음으로 시작할 때, 관사가 변해요!
* a (어) → an (언) / ** the (더 → 디)

문장 속 정관사 vs. 부정관사

I work at **a store**.
나는 일한다 / (어느) 한 상점에서.

They go to **a bar** every night.
그들은 간다 / (어느) 한 술집에 / 매일 밤.

The actor lives in L.A.
(바로) 그 배우는 산다 / 로스앤젤레스에.

The shuttle bus comes every two minutes.
(바로) 그 셔틀버스는 온다 / 매 2분마다.

③ 응용 연습

| the restaurant
바로 그 식당 | vs. | a restaurant
어느 한 식당 |

→ 각 관사의 뜻을 복습하고, 아래 문장들을 해석해보세요.

1. **The train** arrives in **an hour**.

2. **The river** flows to **an ocean**.

3. Babies cry for **a bottle**.
   병

4. We go to **the restaurant** every week.

5. **The class** starts tomorrow at 4.
   수업

6. He lives in **an apartment** in **the city**.

7. **The president** goes to **the United States** next week.
   대통령   연합된 주들 = 연방국가

해석 확인

1. 그 기차는 **한** 시간 내로 도착한다.
2. 그 강은 **어느 한** 바다로 흐른다.
3. 아기들은 (젖) **한 병**을 달라고 운다.
4. 우리는 매주 **그 식당**에 간다.
5. **그 수업**은 내일 4시에 시작한다.
6. 그는 **그 도시**의 **어느 한 아파트**에 산다.
7. (우리나라의 그) **대통령**이 다음 주에 (미 대륙의 그) **연방국가**[= 미국]로 간다.

④ 핵심 마무리

정관사 the
상대가 이미 **알** 만한 '**그것**', **특정한** 것을 짚어내는 관사 (= that, it)

that cat 저 고양이

→ **the cat** (바로) 그 고양이

부정관사 a(n)
상대가 모르는 '**어느 하나**', **일반적인** 하나를 나타내는 관사 (= one)

one cat → **a cat**
한 고양이   (어느) 한 고양이

one hour → **an hour**
한 시간   (대충) 한 시간

hour (아워) = 발음되지 않는 'h'

▼실전응용

Ugh, **the baby** cries too much.
하, 그 아기가 너무 많이 울어.

Why! Why does it cry?! 왜! 왜 우는 거야?!

Babies cry for **a bottle**.
아기들이야 (젖) 한 병 달라고 우는 거지.

Chapter 1.
한눈에 쏙!
챕터 리뷰

1 자동사 문장, 1형식 이해하기

1형식 | **주어 + 자동사 (+ 전치사구)**

☝ | I | go | to the U.S.
   | 내가 | 간다 | 미국으로

주어
무엇이
누가

동사
하다

전치사구
~으로
~에서

명사
무엇, 누구

대명사
그것, 그 사람

+

관사
the 그
a(n) 어떤, 한

자동사
무엇이 하다

전치사구

방향
to the U.S.

장소
in Korea

시간
on March 19

다양한 전치사
banks of Korea

2 동사의 활용
수일치

✧ 체크 포인트

나, 너, 우리, 너희, 그들 → do, run, go
그, 그녀, 그것 → does, runs, goes

I (do) go to the U.S.
나는 미국에 (정말로) 간다.

She goes to the U.S.
그녀는 미국에 간다.

3 동사의 활용
부정문

✧ 체크 포인트

간다 go → 가지 않는다 don't go / doesn't go

I don't go to the U.S.
나는 미국에 가지 않는다.

He doesn't go to the U.S.
그는 미국에 가지 않는다.

매일 10분
왕기초 영문법의 기적

Chapter 2.

3형식 타동사 문장 이해하기

3형식

나는   정말 좋아한다   예쁜 새들을
I really like pretty birds.

주어 + 타동사 + 목적어

▶ 형용사, 분사 + 명사
▶ 부사 + 동사, 형용사, 부사

시간 표현

나는 어젯밤에 공부했다.
I studied last night.

study 공부하다 ➡ **studied 공부했다**

조동사

나는 그것을 고칠 수 있다.
I can fix it.

fix 고치다 ➡ **can fix 고칠 수 있다**

DAY 06.
타동사와 목적어

① 목적어가 있어야 '타'동사!

문득 친구가 '사랑해'라고 한다면? '누구를' 사랑한다는 거지? 혹시 나를?! 'I love you 너를 사랑해'를 말할 수 있게 해주는 '타동사'와 '목적어'를 알아봅시다.

나는 너를 사랑한다. » **I love you.**
　　　　　　　　　주어　타동사　목적어

왕기초 해석법

타동사는 무엇을 ~하다

'무엇'을 대상으로 삼는 동사입니다. '**무엇을 ~하다**'라고 해석되며 동사의 뒤에 **다른 대상이 필요**해 타(他)동사라고 부릅니다.

| **love** 사랑하다 | **like** 좋아하다 | **have** 가지다 |

너를

사랑한다

목적어는 무엇을, 누구를

'무엇을 ~하다'에서 **동사 뒤에 오는 '무엇을'**입니다. 주어처럼 '무엇, 누구'인 **명사**만 올 수 있는데, 행동의 대상이 되며, '**을/를**'로 해석합니다.

| **you** 너를 | **me** 나를 | **it** 그것을 |

핵심 TIP

You like + me.　　나를　　　목적격 대명사 = 목적어로 사용
　　　　　 mine.　 나의 것을　 소유대명사 = (누구)의 것
I like　　 myself. 나 자신을　재귀대명사 = (누구) 자신

» 주어와 목적어가 같을 땐 -self, -selves를 붙여요!

② 해석은 이렇게

타동사+목적어 확인하기

love me	나를 사랑하다
sing a song	노래를 한 곡 부르다
kick the ball	그 공을 차다
read the book	그 책을 읽다
bring a gift	선물을 하나 가져오다
drink it	그것을 마시다

문장 속 타동사+목적어

We like fast food.
우리는 좋아한다 / 패스트푸드를.

She sings songs* well.
그녀는 부른다 / 노래를 / 잘.*

He reads newspapers.
그는 읽는다 / 신문을.

They drink tea.
그들은 마신다 / 차를.

* 동사에 '어떠하게'를 더해주는 부사. 'sing well 잘 부르다' **DAY 09. 참고**

③ 응용 연습

`have 가지다`   `eat 먹다`   `buy 사다`

`bring 가져오다`   `read 읽다`   `like 좋아하다`

→ 다양한 타동사를 확인하고, 아래 문장들을 해석해보세요.

---

1. I **eat burgers** at McDonald's.
   햄버거

---

2. The boy **has mine**.*
   나의 것

---

3. Mom **reads a newspaper** on the bus.
   신문

---

4. He **makes breakfast** every day.
   아침

---

5. They **sing songs** in the talent show.
   오디션 프로그램

---

6. You **drink coffee** every morning.

---

7. The president **brings snacks** for us on Wednesdays.
   간식

---

* 목적어로 쓰인 소유대명사 `이것만은 꼭! I 참고`

**해석
확인**

1. 나는 맥도날드에서 **햄버거를 먹는다**.
2. 그 소년이 **내 것을 가지고 있다**.
3. 엄마는 버스에서 **신문을 읽는다**.
4. 그는 매일 **아침을 만든다**(= 만들어 먹는다).
5. 그들은 오디션 프로그램에서 **노래를 부른다**.
6. 너 매일 아침 **커피를 마시네**.
7. 사장님은 우리를 위해 수요일마다 **간식들을 가져온다**.

④ 핵심 마무리

타동사
동사 뒤에 '무엇, 누구'를 목적어로 삼는 동사
'무엇을, 누구를 ~하다'라고 해석

love	eat	like
사랑하다	먹다	좋아하다
drink	sing	kick
마시다	(노래) 부르다	(발로) 차다

목적어
타동사 뒤에서 '무엇을, 누구를'로 해석되는 명사

song	lunch	coffee
노래를	점심을	커피를
newspaper	snacks	it
신문을	간식들을	그것을
me	you	
나를	너를	

I = 내가 (주어),
me = 나를 (목적어)

실전 응용

What do you usually do at 4 p.m.?
넌 보통 오후 4시에 무엇을 하니?

I eat snacks. 나는 간식을 먹어.

I drink coffee. 나는 커피를 마셔.

DAY 07.
형용사와 명사

① 명사를 한층 풍성하게! 형용사

옆에 있는 친구는 '어떠한'가요? '멋진', '똑똑한', '친절한'… 다양한 말로 묘사할 수 있겠죠? '친구'를 '나의 멋진 친구'로 업그레이드 시켜주는 형용사를 알아봅시다.

나의 멋진 친구 » <u>my handsome</u> <u>friend</u>
                               형용사   명사

왕기초 해석법

어떠한 명사를 만드는 형용사

'this dog 이 개', 'my handsome friend 나의 멋진 친구'처럼 명사의 앞에서 '어떠한' 무엇을 만드는 말입니다.

handsome 멋진　　**pretty** 예쁜

this 이 ↔ **that** 그, 저　　**my** 나의

어떠한 무엇이 되는 명사

'무엇'과 '누구'를 부르는 명칭이며, **형용사의 뒤**에서 '어떠한 무엇'이 되는 말입니다.

friend 친구　　**doll** 인형　　**dog** 개

소유격 대명사	명사
my 나의	
your 너의 →	doll 인형
her 그녀의	

» 소유격 대명사는 형용사처럼 쓰여요!

② 해석은 이렇게

형용사+명사 확인하기

my dog	나의 개
his pen	그의 펜
pretty dresses	예쁜 드레스들
that doll	저 인형
expensive cars	비싼 자동차들
delicious food	맛있는 음식

문장 속 형용사+명사

I have **his pen**.
나는 가지고 있다 / 그의 펜을.

They wear **pretty dresses**.
그들은 입는다 / 예쁜 드레스들을.

She loves **that doll**.
그녀는 좋아한다 / 저 인형을.

He drives **expensive cars**.
그는 몬다 / 비싼 자동차들을.

③ 응용 연습

| scary 무서운 | big 큰 | funny 재미있는 |

| this 이, that 그, 저 | my 나의, her 그녀의, their 그들의 |

→ 위의 다양한 형용사를 공부하고, 아래 문장들을 해석해보세요.

1. She loves **scary** movies.

2. **This** chef cooks **delicious** food.
   요리사

3. **My** brother tells **funny** stories.
   이야기들

4. **Our** dog likes **expensive** steaks.

5. **Her** friend knows **that** actor.

6. We sing **that** song in church.
   교회

7. **Their** grandparents live in a **big** house.

해석
확인

1. 그녀는 **무서운 영화**(= 공포 영화)를 좋아한다.
2. **이 요리사**는 **맛있는 음식**을 요리한다.
3. **내 형제**는 **재미있는 이야기들**을 말해준다.
4. **우리 개**는 **비싼 스테이크**를 좋아한다.
5. **그녀의 친구**는 **그 배우**를 안다.
6. 우리는 교회에서 **그 노래**를 부른다.
7. **그들의 조부모님들**은 **큰 집**에 사신다.

④ 핵심 마무리

형용사
명사의 앞에서 '어떠한' 무엇을 만드는 말

handsome	delicious	scary
잘생긴	맛있는	무서운

my	their	her
나의	그들의	그녀의

this	that	
이	저	

소유격 대명사도 형용사!

명사
형용사의 뒤에 오는 '무엇, 누구'

doll	movie	story
인형	영화	이야기

chef	food	brother
요리사	음식	형제

실전 응용

 What do you like? 넌 무엇을 좋아하니?

I like **scary** movies. 나는 무서운 영화(=공포 영화)들을 좋아해.
I love **delicious** food. 나는 맛있는 음식을 좋아해.

이것만은 꼭!

I. '누구', '무엇'을 다시 가리키는
인칭 대명사의 활용

'주격, 목적격' 대명사

인칭대명사는 앞에 나온 '누군가' 혹은 '무엇'을 다시 가리킬 때 쓰는 말입니다. 가장 많이 쓰는 것이 '주격 인칭대명사'와 '목적격 인칭대명사'인데요. 각각 문장에서 '주어(~이/가)'로, 그리고 '목적어(~을/를)'로 사용되기 때문에 그렇게 부릅니다. 목적격 인칭대명사는 전치사의 목적어로도 사용됩니다.

'소유격' 대명사와 '소유대명사'

'소유격 대명사'는 '누구의', '무엇의'라는 뜻으로, 어떤 명사가 누구의 것인지를 나타내주는 말입니다. 'my friend 나의 친구'와 같이 형용사처럼 명사 앞에 씁니다. 소유대명사도 유사한 의미로 사용되는데요. 다만, 'mine 나의 것'과 같이 형용사가 아니라 명사로 쓴다는 점에서 차이가 있습니다. 소유격 대명사는 관사나 some, this, that 등의 형용사와 함께 쓰지 못하는데, 이때 'a friend of mine 내 친구 중 하나'와 같이 소유대명사를 대신 활용합니다.

'자기 자신'을 가리키는 재귀대명사

재귀대명사는 '자기 자신'을 가리키는 말인데요. 'I hate myself. 나는 나 자신이 정말 싫다.'와 같이 주로 주어와 같은 대상을 가리키는 목적어로 사용합니다. 대명사이지만 신기하게도 'Do it youself(DIY) 당신이 직접 해보세요.'와 같이 '스스로, 직접'이라는 의미의 부사로 사용되기도 합니다. 또한 전치사나 특정한 동사와 함께 다양한 숙어를 만들어내기도 합니다.

다양한 인칭대명사

주격 인칭대명사	소유격 인칭대명사	목적격 인칭대명사	재귀대명사	소유대명사
I 나는	**my** 나의	**me** 나를	**myself** 나 자신을	**mine** 나의 것
we 우리는	**our** 우리의	**us** 우리를	**ourselves** 우리 자신을	**ours** 우리의 것
you 너는	**your** 너의	**you** 너를	**yourself** 너 자신을	**yours** 너의 것
you 너희는	**your** 너희의	**you** 너희를	**yourselves** 너희 자신을	**yours** 너희의 것
he 그는	**his** 그의	**him** 그를	**himself** 그 자신을	**his** 그의 것
she 그녀는	**her** 그녀의	**her** 그녀를	**herself** 그녀 자신을	**hers** 그녀의 것
it 그것은	**its** 그것의	**it** 그것을	**itself** 그것 자신을	-
they 그들은	**their** 그들의	**them** 그들을	**themselves** 그들 자신을	**theirs** 그들의 것

재귀대명사가 사용된 숙어 표현들

by myself	나홀로	of itself	저절로
in itself	그 자체로는	between ourselves	우리끼리니 말인데
Behave yourself!	너 처신 똑바로 해!	Help yourself.	마음껏 드세요.

DAY 08.
현재분사 vs. 과거분사

① 동사로 만든 형용사, 분사

'노래하는 새'가 영어로 뭘까요? a bird sing? sing bird?
정답인 'a bird singing'을 말할 수 있게 해주는 분사를 알아봅시다.

노래하는 새 >> **a bird** **singing**
　　　　　　　　명사　　　분사

왕기초 해석법

하고 있는 현재분사

'하는, 하고 있는' 무엇을 만드는 말입니다. 동사에 '-ing'이 더해져 형용사와 같은 역할을 합니다.

| **sing** 노래하다 | **a bird singing** 노래하는 새 |

노래하는

하게 된 과거분사

다른 대상에 의해 '하게 된, 해진' 무엇을 만드는 말입니다. 보통 동사에 '-ed'가 붙은 모양으로 형용사의 역할을 합니다.

| **fry** 튀기다 | **fried chicken** 튀겨진 닭 |

튀겨진

핵심 TIP

'지금'　　　　　　　　　　　'원래'
명사 + 분사　　vs.　　분사 + 명사

a bird singing　　　　**a singing bird**
(지금) 노래하고 있는 새　　(원래) 지저귀는 종류의 새

>> 분사의 위치에 따라 해석이 달라지기도 해요!

② 해석은 이렇게

현재분사 vs. 과거분사 확인하기

a baby crying	울고 있는 한 아기
a woman dancing	춤을 추고 있는 한 여자
boiling water	끓는 물
the winning team	이기는 팀(=우승팀)
injured animals	다친 동물들
grilled fish	구워진 생선(=구운 생선)

문장 속 현재분사 vs. 과거분사

Cook the pasta in **boiling** water.
요리해라 / 그 파스타를 / 끓는 물에.

I know **the woman dancing**.
나는 안다 / 춤을 추고 있는 그 여자를.

He fixes **broken** computers.
그는 고친다 / 고장 난 컴퓨터들을.

I hate **grilled** fish.
나는 싫어한다 / 구워진 생선(=구운 생선)을.

③ 응용 연습

| sleeping 잠자는 | singing 노래하는 | winning 이기는 |
| fried 튀겨진 | steamed 찐 | used 사용된(중고의) |

→ 다양한 현재분사와 과거분사를 알아보고, 아래 문장들을 해석해보세요.

1. Hold the **sleeping** baby.

2. My sister loves **fried** chicken.

3. The **winning** team gets a prize.
                                    상

4. She eats **steamed** vegetables for lunch.
                        야채들

5. Look at the **birds singing** in the tree.
     ~을 보다

6. This store sells **used** clothes.
              판매하다

7. Vets help **injured animals** at animal hospitals.
    수의사들

해석 확인

1. **자는** 아기를 안아라.
2. 내 자매는 **튀겨진 닭**(=프라이드 치킨)을 좋아한다.
3. **우승팀**은 상을 받는다.
4. 그녀는 점심으로 **찐 야채들**을 먹는다.
5. 나무에서 **노래하고 있는 저 새들**을 보아라.
6. 이 가게는 **중고 의류**를 판매한다.
7. 수의사들은 동물 병원에서 **다친 동물들**을 돕는다.

④ 핵심 마무리

현재분사

'동사-ing' 형태의 형용사. '하는, 하고 있는 무엇'을 만드는 말

crying	dancing	boiling
울고 있는	춤추는	끓는
winning	**sleeping**	**singing**
승리하는	자고 있는	노래하는

과거분사

보통 '동사-ed' 형태인 형용사. '하게 된, 해진 무엇'을 만드는 말

injured	grilled	broken
다친	구워진	고장 난, 부서진
fried	**steamed**	**used**
튀겨진	찐	중고의

▼ 실전 응용

What would you like for dinner? 저녁 뭐 먹을래?

I want fried chicken.
튀겨진 닭(=프라이드 치킨)을 먹고 싶어.

DAY 09.
형용사 vs. 부사

① 동사를 '어떠하게' 만드는 부사

여러분은 '어떻게' 공부하나요? 혹은 '얼마나' 행복한가요? 당신을 '열심히' 공부하게, 그리고 '매우' 행복하게 해주는 부사를 배워봅시다!

빨리 뛰다 》 **run** **fast**
　　　　　　동사　부사

왕기초 해석법

달린다

빠르게 달린다

어떠한 명사의 형용사

명사의 앞에서 '무엇'을 '어떠한' 무엇으로 만드는 말입니다.

nice 좋은　　**a nice person** 좋은 사람

어떠하게 동사하는 부사

'sing happily 행복하게 노래하다'처럼 **동사**에 '**어떠하게**'를 더하는 말입니다. 'very happy 매우 행복한, very happily 매우 행복하게'처럼 **형용사**나 **다른 부사**와 같이 쓰이기도 합니다.

fast 빠르게　　**Run fast.** 빨리 뛰어라.

핵심 TIP

빈도부사	부정부사	동사
never 절대 often 자주 usually 보통 always 항상	hardly barely scarcely 거의 ~하지 않다	+ smile 미소 짓다

》 빈도부사는 '얼마나 자주'를, 부정부사는 '거의 ~하지 않다'를 나타내요!

② 해석은 이렇게

다양한 부사 확인하기

walk slowly	천천히 걷다
move quickly	빠르게 움직이다
really smart students	정말 똑똑한 학생들
run very fast	매우 빠르게 달리다
never go	절대 가지 않는다
hardly know	거의 알지 못하다

문장 속 다양한 부사들

I **hardly** know her.
나는 거의 알지 못한다 / 그녀를.

Rabbits **move quickly**.
토끼들은 움직인다 / 빠르게.

Rabbits **run very fast**.
토끼들은 달린다 / 매우 빠르게.

We **never** go there.
우리는 절대로 가지 않는다 / 그곳에.

③ 응용 연습

healthily 건강하게   **slowly** 천천히   **quickly** 빠르게

barely, scarcely 거의 ~하지 않다   **always** 항상

→ 다양한 부사들을 알아보고, 아래 문장들을 해석해 보세요.

1. Turtles **walk slowly**.

2. The players **always move quickly** on the field.
   경기장

3. I **barely drink** coffee these days.

4. She **never eats** healthy food.
   건강한

5. She **never eats** **healthily**.*
   건강하게

6. I **scarcely meet** friends these days.

7. **Really smart** students **barely study**.

* 형용사에 -ly가 붙어 부사가 되기도 해요!

해석 확인

1. 거북이들은 **천천히** 걷는다.
2. 그 선수들은 경기장 위에서 **언제나 빠르게** 움직인다.
3. 나는 요즘 커피를 **거의** 마시지 않는다.
4. 그녀는 **절대** 건강한 음식을 **먹지 않는다**.
5. 그녀는 **절대 건강하게 먹지 않는다**.
6. 나는 요즘 **거의** 친구들을 만나지 않는다.
7. **정말 똑똑한** 학생들은 **거의** 공부하지 않는다.

④ 핵심 마무리

형용사
명사 '무엇' 앞에서 '어떠한 무엇'을 만드는 말

healthy	smart	happy
건강한	똑똑한	행복한

expensive	our	that
비싼	우리의	저

부사
동사, 형용사, 다른 부사에 '어떠하게'를 더하는 말

> 형용사에 -ly가 붙어 부사가 되기도 해요!

healthily	happily	really
건강하게	행복하게	정말

very	usually	barely
매우	보통	거의 ~하지 않다

▼ 실전 응용

  How is my article? 내 기사 어때?

Very good. 매우 훌륭해.
I really like it. 난 그게(그 글이) 정말 좋아.

DAY 10.
동사의 과거형

① 지난 일은 모두 과거형

학창 시절 항상 듣던 이야기, "너 공부했니?"
"나 공부했어"라고 대답할 수 있게 해주는 과거형을 공부해 봅시다.

나 정말 공부했어. I **did** study. » 나 공부했어. I stud**ied**.

변하지 않는 **일상**의 일, **현재형**

3시간 전

아침을 먹거나, 출근 버스를 타는 것처럼 평소 반복되는 **일상**입니다. 이때의 일들은 당장은 **변하거나 끝나지 않을 일들**입니다. 3인칭 단수 주어 뒤에서는 동사+(e)s의 형태가 됩니다.

He likes you. 그는 너를 좋아한다.

양치했다

예전에 있었던 일, **과거형**

이미 지나가서 지금과는 관련 없는 '그 때 있었던' 일을 나타냅니다. 보통 동사 뒤에 '-ed'를 붙입니다. did는 '(정말) 했다'의 의미입니다.

I did study 정말 공부했어. → **I studied**. 공부했어.

I go to work. 나는 직장에 간다.
I went to work. 나는 직장에 갔다. '-ed'가 붙지 않는 불규칙 과거형

» 188p에서 더 많은 불규칙 과거형을 확인하세요!

» 부정형은 did not(=didn't)!

② 해석은 이렇게

과거형 확인하기

did walk	정말 걸었다
walked	걸었다
did clean	정말 청소했다
cleaned	청소했다
did come	정말 왔다
came	왔다

문장 속 과거형의 쓰임

I **did have** fun.
나는 정말 가졌다 / 재미를(= 재미있게 놀았다).

She **cleaned** the kitchen.
그녀는 청소했다 / 부엌을.

They **walked** to the beach.
그들은 걸어갔다 / 해변으로.

He **did come** to my house.
그는 정말 왔다 / 내 집으로.

③ 응용 연습

`went 갔다`   `read 읽었다`   `helped 도왔다`

`studied 공부했다`   `exercised 운동했다`

→ 동사의 과거형들을 알아보고, 아래 문장들을 해석해 보세요.

---

1. I **did** not **fail** the exam.
　　　　　　　　시험

---

2. We **studied** Spanish last year.
　　　　　　　　　　　　작년

---

3. They **exercised** at the gym.
　　　　　　　　　　체육관

---

4. He **bought** that expensive cellphone.
　　　　　　　　　　　　　　휴대폰

---

5. My friend **helped** me yesterday.
　　　　　　　　　　　　어제

---

6. My family **went** to an amusement park.
　　　　　　　　　　　　　　놀이공원

---

7. I **read*** that book in school last semester.
　　　　　　　　　　　　　　　　학기

＊ 과거형일 때 발음만 '레드'로 바뀌어요!

해석 확인

1. 나는 시험을 **실패하지**(= 시험에 떨어지지) **않았다**.
2. 우리는 작년에 스페인어를 **공부했다**.
3. 그들은 체육관에서 **운동했다**.
4. 그는 그 비싼 휴대폰을 **샀다**.
5. 내 친구는 어제 나를 **도와줬다**.
6. 내 가족은 놀이공원에 **갔다**.
7. 나는 그 책을 지난 학기에 학교에서 **읽었다**.

④ 핵심 마무리

현재형

당장은 변하거나 끝나지 않는 '반복적 일상'

He likes you.
그는 너를 좋아한다.

She runs every morning.
그녀는 매일 아침 달린다.

과거형

보통 '동사-ed'의 형태로, 이미 지나간 '그 때 있었던' 일.

I did study.
난 정말 공부했어.

I studied.
난 공부했어.

자음 + y로 끝날 때
y → ied

실전 응용

Did you really study last night?
너 어젯밤에 정말 공부했니?

Yes! I studied really hard.
그럼! 난 정말 열심히 공부했어.

DAY 11.
미래의 조동사 will

⏰ 1 내일의 일을 나타낼 땐 will

누군가 '내일 뭐 할 거야?'라고 질문한다면?
'영어를 공부한다'를 '영어를 공부할 거야'로 바꿔주는 will을 배워봅시다.

나는 영어를 공부할 것이다. » I **will** **study** English.
　　　　　　　　　　　　　　　조동사　동사

왕기초 해석법

한달 뒤

미래의 will, ~할 거야

의지에 따라 **미래**에 '동사할 것이다'를 의미합니다. 이미 계획된 일정을 나타낼 때는 be going to + 동사를 쓸 수 있습니다.

I will go to the U.S. 나는 미국에 갈 것이다.

갈 것이다

추측의 will, 그건 ~일 거야

일어날 가능성이 매우 높은 ~일 것이다를 의미합니다.

She will like it. 그녀는 그것을 좋아할 것이다.

핵심 TIP

Will you go with me? 나랑 갈래?

vs.

Would you go with me? 저와 함께 가시겠어요?

» 과거형 would는 will보다 부드럽고 정중한 표현입니다.

② 해석은 이렇게

will의 해석 확인하기

will work	일할 것이다
will arrive	도착할 것이다
is going to bring	가져올 예정이다
is going to graduate	졸업할 예정이다
will know	알고 있을 것이다
will win	이길 것이다

문장 속 will의 해석

I **will work** this Friday.
나는 일할 것이다 / 이번 주 금요일에.

They **are going to bring** snacks.
그들이 가져올 예정이다 / 간식들을.

She **will know** the answer.
그녀는 알고 있을 것이다 / 정답을.

They **will win** the game.
그들은 이길 것이다 / 그 경기를.

③ 응용 연습

의지		가능성
will go to the U.S.	vs.	**will like it**
미국에 갈 것이다		그것을 좋아할 것이다

➔ will의 두 가지 의미를 복습하고, 아래 문장들을 해석해 보세요.

1. He **will pass** the test.
     시험

---

2. **Would** you **close** the window?
                      창문

---

3. I **am going to start** my diet today.
                      식이 요법(=다이어트)

---

4. The package **will arrive** tomorrow.
     소포

---

5. They **will** probably **come** to the party.
              아마도

---

6. She **will like** this thoughtful gift.
                    사려 깊은   선물

---

7. My brother **is going to graduate** this semester.
                                        학기

해석 확인

1. 그는 시험을 **통과할 것이다**.
2. 창문 좀 **닫아 주시겠어요**?
3. 나는 오늘부터 식이 요법을 **시작할 예정이다**.
4. 그 소포는 내일 **도착할 것이다**.
5. 그들은 아마도 파티에 **올 것이다**.
6. 그녀는 이 사려 깊은 선물을 **좋아할 것이다**.
7. 내 형제는 이번 학기에 **졸업할 예정이다**.

④ 핵심 마무리

의지의 will

미래에 '~할 것이다'

계획된 일정은 be going to!

I am going to go to the U.S.
나는 미국에 갈 예정이다.

They will bring snacks.
그들은 간식들을 가져올 것이다.

가능성의 will

높은 가능성으로 '~일 것이다'

He will know the answer.
그는 답을 알 것이다.

▼실전응용

Would you **come** to my birthday party?
제 생일파티에 오시겠어요?

Sure, I will go. 물론이죠, 갈게요.

DAY 12.
진행형

① '하고 있는' 진행형

어제 새벽 방 불이 켜져 있던데, 또 게임하고 있었지?! 어머니의 취조에, '영어 공부를 하고 있었어요!'라고 대답하게 해주는 진행형을 알아봅시다.

나는 영어를 공부하고 있었다. >> I **was studying** English.
                                        be동사 현재분사

하고 있는 현재진행

be + 현재분사(~하고 있는)를 사용해 '지금, 요즘 하고 있는' 일을 나타냅니다. '아직 끝나지 않은' 일이기도 합니다.

끓고 있다

I am studying English. 영어를 공부하고 있다.

하고 있던 과거진행, 하고 있을 미래진행

과거진행은 '당시 하고 있던', 미래진행은 '미래에 하고 있을'로 해석합니다. 과거진행은 was/were + 현재분사로, 미래진행은 will be + 현재분사로 바꿔 씁니다.

I was studying English. 영어를 공부하고 있었다.

I will be watching TV. TV를 보고 있을 것이다.

현재	과거
I ➕ am	I, He, She, It ➕ was
He, She, It ➕ is	We, You, They ➕ were
We, You, They ➕ are	

>> 주어에 따라 be동사가 변해요!

② 해석은 이렇게

현재, 과거, 미래 진행 확인하기

was playing	하고 있었다
was riding	타고 있었다
is building	짓고 있다
is cooking	요리하고 있다
will be watching	보고 있을 것이다
will be cleaning	청소하고 있을 것이다

문장 속 진행형의 쓰임

They **were playing** soccer.
그들은 하고 있었다 / 축구를.

She **was riding** a bike.
그녀는 타고 있었다 / 자전거를.

He **is cooking** dinner.
그는 요리하고 있다 / 저녁식사를.

We **will be watching** TV.
우리는 보고 있을 것이다 / TV를.

③ 응용 연습

과거진행	· was studying (과거에) 공부하고 있었던
현재진행	· is studying (지금) 공부하고 있는
미래진행	· will be studying (미래에) 공부하고 있을

→ 각 진행의 의미를 복습하고, 아래 문장들을 해석해 보세요.

1. Dad **is reading** a magazine at his desk.
   잡지

2. I **will be studying** in Paris next year.
   내년

3. They **were having fun** at my birthday party.
   재미있게 놀다

4. They **are building** new apartments downtown.
   시내에

5. She **will be cleaning** the house this weekend.
   이번 주말에

6. My brother **will be cooking** steak for us.
   스테이크

7. My friends and I **are watching** TV in the living room.
   거실

해석 확인

1. 아빠는 책상에서 잡지를 **읽고 계신다**.
2. 나는 내년에 파리에서 **공부하고 있을 것이다**.
3. 그들은 내 생일파티에서 **재미있게 놀고 있었다**.
4. 그들은 시내에 새 아파트들을 **짓고 있다**.
5. 그녀는 이번 주말에 집을 **청소하고 있을 것이다**.
6. 나의 형제가 우리를 위해 스테이크를 **요리하고 있을 것이다**.
7. 내 친구들과 나는 거실에서 TV를 **보고 있다**.

④ 핵심 마무리

현재진행

'지금, 요즘 하고 있는' 현재진행

He is cooking for us.
그는 우리를 위해 요리하고 있다.

She is riding a bike.
그녀는 자전거를 타고 있다.

과거진행 / 미래진행

'당시 하고 있던' 과거진행
'미래에 하고 있을' 미래진행

시제에 따른 be의 변화!

I was studying English.
나는 영어를 공부하고 있었다.

I will be watching TV.
나는 TV를 보고 있을 것이다.

▼ 실전 응용

 We will go to Bali next week!
다음 주에 우린 발리에 갈 거야!

I envy you! I will just be cleaning my house.
부럽다! 난 그냥 집이나 청소하고 있을 텐데.

DAY 13.
현재완료 - 결과

① 마침내 '해낸' 것

have나 has 뒤에 과거분사가 나오면 '현재완료'라고 부르는데요. 크게 세 가지 방법으로 해석합니다. 오늘은 '마침내 시험을 통과했어!'라고 외칠 수 있게 해주는 '결과' 해석을 배워봅시다.

마침내 시험을 통과**했다** » **have** finally **passed** the test
　　　　　　　　　　　　　　　현재완료 - 결과

그때 그 사건, 과거

예전에 '있었던' 일을 말할 때 과거시제를 씁니다.

finished the work yesterday 어제 일을 끝냈다

지금 막 해낸, 현재완료 - 결과

예전에 시작된 일을 **지금 막 끝냈다는** 의미입니다. have + 과거분사(~된)의 형태로 마침내 '**해냈다**'는 것을 나타냅니다.

have just finished the work 지금 막 일을 끝냈다

시작　　**have just finished**　　완료됨

과거에 시작한 일을　　　　　　지금 막 해냈다

>> just 지금 막, now 지금, recently 최근에 등과 함께 쓰여요!

 해석은 이렇게

현재완료 - 결과의 의미 확인하기

have just left	지금 막 떠났다
have just sent	지금 막 보냈다
have just paid	지금 막 지불했다
have now arrived	지금 도착했다
have recently won	최근에 우승했다
have finally graduated	마침내 졸업했다

문장 속 현재완료 - 결과

She has just left the hotel.
그녀는 지금 막 떠났다 / 호텔을.

He has just sent the email.
그는 지금 막 보냈다 / 이메일을.

I have recently won an award.
나는 최근 탔다 / 상을.

We have finally graduated college.
우리는 마침내 졸업했다 / 대학을.

③ 응용 연습

finally 마침내　　**just** 막, 방금
now 이제　　**recently** 최근에

→ 현재완료 - 결과와 함께 쓰는 부사들을 확인하고, 아래 문장들을 해석해 보세요.

1. He **has** finally **passed** his driving test.
   　　　　　　　　　　운전면허 시험

2. The airplane **has** just **left** for Japan.
   　　　비행기

3. I **have** just **paid** last month's rent.
   　　　　　　　　　　　　집세

4. The train **has** now **arrived** at the station.
   　　　　　　　　　　　　　　　역

5. The author **has** finally **finished** his first book.
   　　　작가

6. My parents **have** finally **built** their dream home.
   　　　　　　　　　　　　　　　　꿈꾸던

7. My mother **has** recently **bought** a computer.

해석 확인

1. 그는 마침내 운전면허 시험을 **통과했다**.
2. 그 비행기는 지금 막 일본으로 **떠났다**.
3. 저는 지금 막 지난달 집세를 **지불했어요**.
4. 그 기차가 이제 역에 **도착했다**.
5. 그 작가는 마침내 그의 첫 책을 **완성했다**.
6. 내 부모님은 마침내 그들이 꿈꾸던 집을 **지었다**.
7. 엄마는 최근에 컴퓨터를 한 대 **사셨다**.

④ 핵심 마무리

과거
예전에 '있었던' 일

• **left** the hotel yesterday
어제 호텔을 떠났다

> 과거를 나타내는 ago, then 등과 함께 사용!

현재완료 - 결과
예전에 시작되어 '지금 막 해낸' 일

have just left the hotel
지금 막 호텔을 떠났다

have now arrived at the station
지금 역에 도착했다

have recently bought a book
최근에 책을 샀다

> just, now, recently 등과 함께 사용!

실전 응용

 I **have** finally **passed** my driving test!
나 드디어 운전면허 시험을 통과했어!

Wow! Congratulations! 와! 축하해!

DAY 14.
현재완료 - 지속

① 지금까지 '해온' 것

현재완료에는 '지금까지 계속 해왔음'을 표현하는 '지속'의 뜻도 있습니다. '내가 지금까지 여기서 50년을 있었어!'라고 말씀하시는 터줏대감님의 목소리가 들려오는 것 같지 않나요?

이곳에서 50년 동안 살아왔다 » **have lived** here for 50 years
<small>현재완료 - 지속</small>

왕기초 해석법

30년 산

지금 막 해낸, 현재완료 - **결과**

예전에 시작된 일을 지금 막 끝냈다는 의미입니다. have + 과거분사(~된)의 형태로 마침내 '해냈다'는 것을 나타냅니다.

have just **finished** the work 지금 막 일을 끝냈다

지금까지 해온, 현재완료 - **지속**

과거에 시작된 일이 지금까지 이어진 것을 표현합니다. have + 과거분사의 형태로 '~해오다'라고 해석합니다. for(얼마 동안) 또는 since(언제부터)와 함께 자주 쓰입니다.

have lived here since 2000
2000년부터 여기서 살아왔다

핵심 TIP

과거부터 ─ since 이 이후로 쭉~ ─ 지금까지 해왔다
for 이만큼의 시간 동안

» for 뒤에는 '기간'이, since 뒤에는 '시점'이 나와요!

해석은 이렇게

현재완료 - 지속의 의미 확인하기

have used	사용해왔다
have called	전화해왔다
have wanted	원해왔다
have worked	일해왔다
have loved	사랑해왔다
have known	알아왔다

문장 속 현재완료 - 지속

I **have used** this phone since 2010.
나는 사용해왔다 / 이 휴대폰을 / 2010년부터.

She **has lived** in Seoul for years.
그녀는 살아왔다 / 서울에 / 수년 동안.

He **has worked** with me for 2 years.
그는 일해왔다 / 나와 함께 / 2년 동안.

We **have known** her for 10 years.
우리는 알아왔다 / 그녀를 / 10년 동안.

③ 응용 연습

for ~동안   **since** ~이후로   **always** 언제나

forever 정말 오래   **constantly** 줄곧

→ 현재완료 - 지속과 함께 쓰이는 단어들을 확인하고, 아래 문장들을 해석해 보세요.

1. She **has known** me for 5 years.

2. I **have** not **called** her since last summer.
   여름

3. That athlete **has played** soccer for 15 years.
   운동선수

4. My father **has** always **wanted** a fancy motorcycle.
   화려한   오토바이

5. That waitress **has worked** here for 6 months.
   웨이트리스

6. I **have loved** this band forever.*
   영원히, 정말 오래

7. My parents **have owned** their home for 30 years.

* forever는 '영원히'라는 뜻뿐만 아니라 '정말 오래'라는 뜻도 있습니다.

▼
해석 확인

1. 그녀는 나를 5년 동안 **알아왔다**.
2. 나는 지난여름 이후 그녀에게 **전화하지 않았다**.
3. 그 운동선수는 15년 동안 축구를 **해왔다**.
4. 아빠는 항상 화려한 오토바이를 하나 **원해왔다**.
5. 그 웨이트리스는 이곳에서 6개월 동안 **일해왔다**.
6. 나는 이 밴드를 정말 오랫동안 **사랑해왔다**.
7. 부모님은 30년 동안 그들의 집을 **소유해왔다**.

④ 핵심 마무리

현재완료 - 결과

예전에 시작되어 '지금 막 해낸' 일

have just left the hotel
지금 막 호텔을 떠났다

현재완료 - 지속

예전에 시작되어 '지금까지 해온' 일

have known me for 5 years
나를 5년 동안 알아왔다

have used this since 2010
이것을 2010년부터 사용해왔다

for + 기간, since + 시점

실전 응용

She is your best friend, right?
그녀는 너의 제일 친한 친구지, 그치?

Yes. She **has known** me for 20 years.
맞아. 그녀는 날 20년 동안 알아왔어.

DAY 15.
현재완료 - 경험

① 지금까지 '해본' 것

어딘가 익숙한 얼굴의 소개팅 남. "어? 저 그쪽 본 적 있어요!"
현재완료로 지금까지 해본 '경험'도 표현할 수 있답니다!

당신을 전에 본 적이 있다 » **have seen** you before
현재완료 - 경험

지금까지 해온, 현재완료 - 지속

과거에 시작된 일이 지금까지 이어진 것을 표현합니다. have + 과거분사의 형태로 '~해오다'라고 해석합니다. for(얼마 동안) 또는 since(언제부터)와 함께 자주 쓰입니다.

have lived here since 2000
2000년부터 여기서 살아왔다

지금까지 해본, 현재완료 - 경험

지금까지 해본 것을 표현합니다. have + 과거분사의 형태로 '~해본 적이 있다'를 나타냅니다. before(전에), once(한 번) 등과 자주 쓰입니다.

have visited N.Y. once
뉴욕에 한 번 방문해본 적이 있다

I **have stayed** in Seoul before. 나는 전에 서울에 지내본 적이 있다.

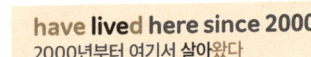

경험해 봄

태어나서 ————————→ 지금까지

② 해석은 이렇게

현재완료 - 경험의 의미 확인하기

have seen	본 적이 있다
have been	가본 적이 있다
have met	만나본 적이 있다
have tried	시도해본 적이 있다
have visited	방문해본 적이 있다
have had	먹어본 적이 있다

문장 속 현재완료 - 경험

She **has** already **seen** it.
그녀는 이미 본 적이 있다 / 그것을.

I **have tried*** this food many times.
나는 이 음식을 시도해본 적이 있다 / 여러 번.*

They **have visited** us before.
그들은 우리를 방문해본 적이 있다 / 전에.

We **have been** abroad twice.
우리는 해외에 가본 적이 있다 / 두 번.

* 숫자 + time(s)는 '몇 번'이라고 해석해요!

③ 응용 연습

once 한 번
twice 두 번
never 한 번도 ~않다
before 전에

→ 현재완료 - 경험과 함께 쓰이는 부사를 확인하고, 아래 문장들을 해석해 보세요.

1. I **have had** Thai food before.
   태국 음식

2. He **has gone** to Europe several times.
   (몇)몇의

3. She **has never been** to an amusement park.
   놀이공원

4. My brother **has seen** a ghost in our house before.
   유령

5. I **have tried** live octopus twice in Korea.
   살아있는 낙지(=산 낙지)

6. My foreign friend **has never visited** Jeju Island.
   외국인 친구

7. She **has met** celebrities many times on the street.
   연예인

해석 확인

1. 나는 전에 태국 음식을 **먹어본 적이 있다**.
2. 그는 몇 번 유럽에 **가봤다**.
3. 그녀는 놀이공원에 전혀 **가본 적이 없다**.
4. 내 형제는 전에 우리 집에서 유령을 **본 적이 있다**.
5. 나는 한국에서 산 낙지를 두 번 **시도해봤다 (= 먹어봤다)**.
6. 내 외국인 친구는 제주도에 전혀 **가본 적이 없다**.
7. 그녀는 거리에서 연예인들을 여러 번 **만나봤다**.

④ 핵심 마무리

현재완료 - 지속

예전에 시작되어 '지금까지 해온' 일

have known me for 5 years
나를 5년 동안 알아왔다

현재완료 - 경험

예전에 시작되어 '지금까지 해본' 일

have seen a ghost before
전에 유령을 본 적이 있다

have already seen it
그것을 이미 본 적이 있다

once, before, never 등과 함께 사용

have never been to Europe
유럽에 전혀 가본 적이 없다

▼실전응용

Have you **been** to a foreign country before?
전에 외국에 가본 적이 있나요?

Yes. I **have visited** New York once.
네. 저는 뉴욕에 한 번 가본 적이 있습니다.

DAY 16.
과거완료

① 더 예전에 '했었던' 모든 것

과거완료(had + 과거분사)로는 과거의 한 시점보다도 더 이전의 일을 나타내는데요. "어제 7시에 전화했었는데!"라고 물으시는 부장님께 "아, 6시에 나왔었습니다."라고 대답해볼까요?

이미 사무실을 나왔었다 » **had** already **left** the office
　　　　　　　　　　　　　　　　과거완료

왕기초 해석법

어제 6시

↓

어제 6시 5분

예전에 있었던 일, 과거형

이미 지나가서 지금과는 관련 없는 '그 때 있었던' 일을 나타냅니다. 보통 동사 뒤에 '-ed'를 붙입니다.

The manager called **me.** 담당자가 내게 전화했다.

더 예전에 있었었던 일, 과거완료

과거의 일보다도 '더 전에 있었었던' 일을 나타냅니다. had + 과거분사의 형태로 씁니다. already(이미), earlier(더 전에), beforehand(사전에, 미리) 등과 자주 쓰입니다.

I had already **left** the office.
나는 이미 사무실을 나왔었다.

핵심 TIP

내가 사무실을 나왔었다 ← 부장님이 전화를 했다
'과거의 과거'

대과거 ─────── 과거 ─────── 지금

» 과거완료형은 과거보다 더 과거(대과거)에 한 일을 표현해요.

 해석은 이렇게

과거완료 확인하기

had left	떠났었다
had eaten	먹었었다
had reached	도달했었다
had spent	(돈을) 썼었다
had seen	봤었다
had gone	갔었다

문장 속 과거완료

I **had seen** her earlier.
나는 그녀를 봤었다 / 더 전에.

They **had** already **gone** home.
그들은 이미 갔었다(= 가고 없었다) / 집에.

He **had** already **spent** all the money.
그는 이미 썼었다(= 쓰고 없었다) / 모든 돈을.

She **had eaten** dinner beforehand.
그녀는 먹었었다 / 저녁을 / 미리.

③ 응용 연습

already 이미, 벌써

by then 그 때 즈음에는

earlier 더 전에, 이전에

in advance 미리, 사전에

→ 과거완료와 함께 쓰이는 표현들을 확인하고, 아래 문장들을 해석해 보세요.

---

1. The seller **had** already **sold** the car.
   판매자

   So, he **did** not **have** it anymore.
   더 이상

---

2. I **had seen** her earlier that day.

   We **met** again at the same place.
   같은 장소

---

3. Most of the guests **had** already **left** the party.
   손님들

   But, she **stayed** until midnight.
   자정

---

4. The student **had** already **spent** her allowance.
   용돈

   Soon, she **started** a part time job.
   아르바이트

해석 확인

1. 그 판매자는 이미 자동차를 **팔았었다**.
   그래서, 그는 더 이상 그것을 갖고 있지 않았다.

2. 나는 그녀를 그날 일찍이 **봤었다**.
   우리는 같은 장소에서 다시 **만났다**.

3. 대부분의 손님들이 이미 파티를 **떠났었다**.
   하지만, 그녀는 자정까지 **머물렀다**.

4. 그 학생은 이미 그녀의 용돈을 (다) **썼었다**.
   곧, 그녀는 아르바이트를 **시작했다**.

핵심 마무리

과거
예전에 '있었던' 일

He sold his car yesterday.
그는 어제 그의 자동차를 팔았다.

과거완료
예전보다 더 전에 '있었었던' 일

He had already sold the car.
그는 이미 자동차를 팔았었다.

과거보다 더 과거
= 대과거!

She had already eaten dinner.
그녀는 이미 저녁을 먹었었다.

▼
실전
응용

Last night, he didn't eat at all!
어젯밤에, 그 사람 전혀 안 먹더라!

Ah, he had eaten dinner earlier.
아, 걔 일찍이 저녁을 먹었었거든.

이것만은 꼭!

II '지금', '여태'의 이야기
현재완료형의 활용

지금 막 해낸, '결과'

우리가 하는 일들은 대부분 '뭔가를 끝내려고 시작한' 일들인데요. 그러다 보니 이런 일들이 현재에 완료되었다고 하면, 자연스레 '마침내 끝냈다, 해냈다'라는 의미가 됩니다. publish a book 책을 출간하다, leave for the airport 공항으로 떠나다, arrive at the station 역에 도착하다 등의 표현들이 완료형으로 사용되는 예들을 떠올려보면 쉽습니다. '끝냈다, 해냈다'라는 뉘앙스 때문에 finally 마침내, just 막, now 이제, recently 최근에, already 이미 등의 부사들이 자주 함께 쓰입니다.

지금까지 해온, '지속'

우리가 하는 일 중에는 '딱히 끝내려고 마음먹고 하는 건 아닌' 일들도 있습니다. live in Seoul 서울에 산다, know him 그를 알고 지낸다, work for this company 이 회사에서 일하다 등과 같은 일들이 그렇습니다. 때문에 이런 표현들은 '완료'형으로 쓰더라도, '끝났다'라는 뉘앙스보다는 '해왔다'라는 뉘앙스를 갖게 됩니다. 그리고 이런 뉘앙스 때문에 for ~ 동안, since ~ 이후로 등의 부사구 표현과 함께 자주 쓰입니다.

여태까지 해본, '경험'

살다 보면 '한 번, 두 번 셀 수 있는 흔치 않은' 일들도 경험하게 되죠. visit New York 뉴욕에 방문하다, be abroad 외국에 가다, try a local dish 현지 요리를 먹어보다 등과 같은 일들이 그렇습니다. 이런 표현들은 완료형으로 쓰면, 여태까지 그런 일을 '해봤다'라는 뉘앙스를 갖게 됩니다. 이런 뉘앙스 덕분에, before 이전에, already 이미 등의 부사나 never 전혀, once 한 번, twice 두 번 등 횟수를 나타내는 부사와 함께 자주 쓰입니다.

지금

결과 ▬ The train has now arrived at the platform.
지금 열차가 승강장에 도착하였습니다.

She has already left for the airport.
그녀는 이미 공항으로 떠났지.

지속 ▬ We have known him for more than 10 years.
우리는 그를 10 년 넘게 알고 지냈어.

I have lived here since I was a kid.
난 어렸을 때부터 여기 살았지.

경험 ▬ I have never been abroad in my life.
난 살면서 한번도 외국에 못 나가 봤어.

I have tried a local dish there before.
나 거기서 전에 현지 요리를 먹어 봤지.

예전

DAY 17.
가능의 조동사 can

① 할 수 있는 일을 나타낼 땐 can

컴퓨터가 고장이 났다고? '내가 그걸 고칠 수 있어'를 말하게 해주는 can을 배워봅시다!

난 그것을 고칠 수 있어. » I **can** **fix** it.
　　　　　　　　　　　　조동사　동사

왕기초 해석법

능력과 허가의 can, ~할 수 있다

'~할 수 있다'로 '능력'이 있음을 의미합니다. 같은 뜻으로 'be able to + 동사'를 쓸 수 있습니다. can은 '허가'를 나타낼 때에도 사용할 수 있습니다.

can fix it 그것을 고칠 수 있다

can stay here 이곳에 머물러도 된다

추측의 can, ~일 수도 있다

가능성을 '추측'할 때 사용합니다. '~일 수도 있다'라고 해석합니다. cannot은 '~일 리 없다'로 해석합니다.

It cannot(=can't) cost that much.
그게 그렇게 많은 비용이 들 리 없어.

핵심 TIP

Can you call me later? 나중에 내게 전화해 줄 수 있니?

vs.

Could you call me later? ~ 전화해 주실 수 있으신가요?

» 과거형 could는 can보다 부드럽고 공손한 표현입니다.

② 해석은 이렇게

can의 해석 확인하기

cannot fail	실패할 리 없다
can carry	옮길 수 있다
be able to participate in	참여할 수 있다
be able to meet	만날 수 있다
can go	갈 수 있다(=가도 된다)
can eat	먹을 수 있다

문장 속 can의 해석

I **can carry** it.
나는 옮길 수 있다 / 그것을.

We **are able to meet** you at 5.
우리는 만날 수 있다 / 너를 / 다섯 시에.

You **can go** home now.
너는 갈 수 있다(=가도 된다) / 집에 / 지금.

No one **can fail** this test.
누구도 떨어질 리 없다 / 이 시험에서.

③ 응용 연습

능력, 허가	가능성
You can stay here. 머무를 수 있다 (=머물러도 된다)	It cannot(=can't) cost that much. 비용이 들 리 없어

➜ can의 두 가지 의미를 복습하고, 아래 문장들을 해석해 보세요.

1. I can **stop by** the store after work.
   잠시 들르다

2. We can **finish** the project by next week.
   계획, 프로젝트

3. No one can **like** that **terrible** movie.
   끔찍한

4. Children can **eat** for free with a parent.
   무료로

5. Employees can **go** home early on Fridays.

6. **Could** you **come** with me to the **hospital**?
   병원

7. The player **is not able to participate in** the game.
   ~에 참가하다

해석 확인

1. 내가 업무 후에 그 가게에 **잠시 들를 수 있다**.
2. 우리는 그 프로젝트를 다음 주까지 **끝낼 수 있다**.
3. 누구도 그런 끔찍한 영화를 **좋아할 리 없어**.
4. 아이들은 부모님과 동반하여 **무료로 식사할 수 있습니다**.
5. 직원들은 금요일마다 집에 일찍 **갈 수 있다**.
6. 저와 함께 병원에 **가 주실 수 있나요**?
7. 그 선수는 경기에 **참가할 수 없다**.

④ 핵심 마무리

능력, 허가의 can

능력을 통해 '할 수 있다', '해도 된다'

We can finish the project by next week.
우리는 이 프로젝트를 다음 주까지 끝낼 수 있다.

We are able to meet you at 5.
우리는 너를 다섯 시에 만날 수 있다.

능력은 be able to도 써요!

Employees can go home early on Fridays.
직원들은 금요일마다 집에 일찍 갈 수 있다.

가능성의 can

가능성을 추측하는, '~일 수도 있다'

No one can like that terrible movie.
누구도 그런 끔찍한 영화를 좋아할 리 없어.

▼ 실전 응용

Employees **can** go home early on Fridays.
직원들은 금요일마다 일찍 집에 갈 수 있습니다.

Wow. That's great! 와. 그것 참 좋네요!

DAY 18.
허가의 조동사 may

1. 해도 되는 일을 나타낼 땐 may

시험 중 '저 화장실 좀 다녀와도 될까요?'라고 공손히 묻는 학생.
'가도 됩니다.'라고 허락하게 해주는 조동사 may를 만나 봅시다!

너는 가도 된다. » You **may go**.
　　　　　　　　　　 조동사 동사

왕기초 해석법

허가의 may, ~해도 된다

'~해도 된다'로 해도 괜찮은, 문제가 되지 않는 일들에 대한 **허가**를 나타냅니다. 허락을 구하거나 해줄 때 사용합니다.

You may go. 너는 가도 된다.

추측의 may, ~일지도 모른다

'~일지도 모른다'로 확신이 없고 불확실한 상황을 나타냅니다.
분명하지 않은, 희미한 **가능성**을 추측할 때 사용합니다.

He may have an answer.
그가 답을 갖고 있을지도 몰라.

핵심 TIP

She might visit your hotel.
그녀가 당신의 호텔을 방문할지도 모릅니다.

» 과거형 might는 추측하는, 정중한 표현!

② 해석은 이렇게

may의 해석 확인하기

may not enter	들어가면 안 된다
may leave	떠나도 된다
may use	사용해도 된다
may have	가지고 있을지도 모른다
may regret	후회할지도 모른다
might not eat	먹지 않을지도 모른다

문장 속 may의 해석

You **may not enter** this area.
너는 들어가면 안 된다 / 이 구역에.

Anyone **may use** this computer.
누구든 사용해도 된다 / 이 컴퓨터를.

He **may have** a solution.
그는 가지고 있을지도 모른다 / 해결책을.

You **may regret** it later.
너는 후회할지도 모른다 / 그것을 / 나중에.

③ 응용 연습

허가	가능성
You **may** go. 너는 가도 된다.	He **may** have an answer. 그는 정답을 갖고 있을지도 모른다.

→ may의 두 가지 의미를 복습하고, 아래 문장들을 해석해 보세요.

1. They **might not eat** meat.
   고기

2. She **might have** an answer.

3. You **may regret** your decision later.
   결정

4. Employees **may leave** after the meeting.
   회의

5. Students **may not use** their phones at school.

6. Seniors **may ride** the bus for free.
   노인들

7. Passengers **may bring** one bag on the plane.
   승객들

해석 확인

1. 그들은 고기를 **먹지 않을지도 모른다**.
2. 그녀는 아마 답을 **갖고 있을지도 모른다**.
3. 너는 나중에 네 결정을 **후회할지도 모른다**.
4. 직원들은 회의가 끝난 뒤 **퇴근해도 됩니다**.
5. 학생들은 학교에서 그들의 핸드폰을 **사용해서는 안 된다**.
6. 노인들은 버스를 무료로 **타도 된다**.
7. 승객들은 기내에 가방을 하나 **가져와도 된다**.

핵심 마무리

허가의 may

허락을 하거나 구하는, '해도 된다'

Anyone may use this computer.
누구든 이 컴퓨터를 사용해도 된다.

May I use this pen?
이 펜 사용해도 될까요?

허락을 구할 땐 'May I ~?'

가능성의 may

가능성을 추측하는, '~일지도 모른다'

She may leave at 10.
그녀는 10시에 떠날지도 모른다.

They might not eat meat.
그들은 고기를 먹지 않을지도 모른다.

▼ 실전 응용

Students may not use their phones at school. 학생들은 학교에서 핸드폰을 사용하면 안 돼요.

Oh, sorry, Mrs. Smith. 오, 죄송합니다, 스미스 선생님.

DAY 19.
충고의 조동사 should

① 해야겠는 일을 나타낼 땐 should

일 벌레 친구. 밥도 안 먹고, 주말에도 일만 해서 건강이 걱정되는데요. 친구에게 '너 잠을 좀 자야겠는데'라고 말하게 해주는 조동사 should를 알아봅시다!

너 잠을 좀 자야겠는데. » You <u>should</u> <u>get</u> some sleep.
　　　　　　　　　　　　　　조동사　동사

왕기초 해석법

좀 자야겠다

충고의 should, ~해야겠다

'~해야겠다'로 **충고**를 나타냅니다. 걱정되는 상황에서 '~하는 게 좋다'라고 더 나은 것을 제안하거나 '~하는 게 옳다'라고 조언할 때 사용합니다.

> **You should get some sleep.**
> 너는 잠을 좀 자야겠다.

잘되겠는데

추측의 should, ~이겠다

'~이겠다'로 꽤 있을 법한 일을 **추측**할 때 사용합니다. can(~일 수도 있다)이나 may(~일지도 모른다)보다 더 확신이 있는 추측입니다.

> **He should arrive soon.** 걔 곧 도착하겠는데.

핵심 TIP

You had better go now.
너 지금 가는 게 좋을 걸.

» had better는 안 하면 큰일 날 것 같은 충고!

해석은 이렇게

should의 해석 확인하기

should clean	청소해야겠다
should study	공부해야겠다
should depart	출발하겠다
should arrive	도착하겠다
should begin	시작하겠다
had better go	가는 게 좋을 걸

문장 속 should의 해석

You **should clean** your room.
너는 청소해야겠다 / 네 방을.

We **should study** together.
우리는 공부해야겠다 / 함께.

The next bus **should arrive** soon.
다음 버스가 도착하겠다 / 곧.

The game **should begin** in 10 minutes.
경기가 시작하겠다 / 10분 안에.

③ 응용 연습

충고	가능성
You should get some sleep.	He should arrive soon.
잠을 좀 자야겠다.	곧 도착하겠는데.

➡ should의 두 가지 의미를 복습하고, 아래 문장들을 해석해 보세요.

---

1. I **should go** to sleep before midnight.
   자정

---

2. You **should wear** warm clothes today.
   따뜻한 옷

---

3. We **should exercise** every day for our health.

---

4. I **should call** my parents more often.

---

5. The world's population **should reach** 8 billion by 2024.
   인구   10억

---

6. The express train for Busan **should depart** in 10 minutes.
   급행열차

---

7. You **had better go** to the emergency room.
                            응급실

▼
해석 확인

1. 나는 자정 전에 **자러 가야겠다**.
2. 너는 오늘 따뜻한 옷을 **입는 게 좋겠다**.
3. 우리는 건강을 위해 매일 **운동하는 게 좋다**.
4. 나는 부모님께 더 자주 **전화 드려야겠다**.
5. 세계 인구가 2024년까지는 80억에 **달하겠다**.
6. 그 부산행 급행열차는 10분 내로 **출발할 걸**.
7. 너 응급실에 **가보는 게 좋을 걸**.

 **핵심 마무리**

충고의 should

걱정되는 상황에 대한 **충고**, '~해야겠다'

You should clean your room.
너는 네 방을 청소해야겠다.

You had better go now.
너 지금 가는 게 좋을 걸.

충고의 had better

가능성의 should

꽤 있을 법한 일에 대한 **추측**, '~이겠다'

The bus should arrive soon.
버스가 곧 도착하겠는데.

실전 응용

I'm going to get some popcorn. 나 팝콘 좀 사올게.

You had better hurry up. 서두르는 게 좋을 걸.

The movie should start in 5 minutes.
영화가 5분 내로 시작되겠어.

DAY 20.
의무의 조동사 must

① 반드시 해야만 하는 일을 나타낼 땐 must

방송국에 쳐들어온 팬, "경비 아저씨 저 알죠? 들어갈게요~"라고 하는데요. "안됩니다! 무조건 신분증 보여주셔야 돼요."라고 말씀 하시는 경비 아저씨의 must를 배워봅시다.

반드시 신분증을 보여줘야 한다. » You **must show** your ID card.
　　　　　　　　　　　　　　　　　　조동사　동사

왕기초 해석법

의무의 must, 반드시 ~해야만 한다

'반드시 ~해야만 한다'로 무조건 해야 하는 일이나 꼭 할 필요가 있는 일을 나타냅니다.

> **You must show your ID card.**
> 너는 반드시 신분증을 보여줘야만 한다.

추측의 must, 분명히 ~일 것이다

'분명히 ~일 것이다'로 높은 가능성을 나타냅니다. 뻔히 일어날 일이나, 확실히 있음직한 일들을 추측할 때 사용합니다.

> **She must like these flowers.**
> 그녀는 분명히 이 꽃들을 좋아할 것이다.

핵심 TIP

I **have to quit** smoking.
나는 담배 피는 것을 그만두어야 한다.

» have to는 '해야만 한다'

② 해석은 이렇게

must의 해석 확인하기

must attend	반드시 참석해야만 한다
must try	반드시 시도해야만 한다
must register	반드시 등록해야만 한다
must cook	분명히 요리할 것이다
must like	분명히 좋아할 것이다
have to pass	통과해야 한다

문장 속 must의 해석

Everyone **must attend** this lecture.
모든 사람은 / 반드시 참석해야만 한다 / 이 강의에.

You **must try** this recipe.
너는 / 반드시 시도해야만 한다 / 이 요리법을.

Italians **must cook** pasta well.
이탈리아 사람들은 / 분명히 파스타를 잘 요리할 것이다.

She **must like** roses.
그녀는 / 분명히 좋아할 것이다 / 장미를.

③ 응용 연습

의무	가능성
You must show your ID card. 반드시 신분증을 보여줘야만 한다.	She must like these flowers. 분명히 이 꽃들을 좋아할 것이다.

→ must의 두 가지 의미를 복습하고, 아래 문장들을 해석해 보세요.

1. Children **must travel** with an adult.
   성인, 어른

2. Visitors **must register** at the front desk.
   방문객들   프런트

3. Employees **must not wear** casual attire at work.
                               가벼운 복장

4. Your parents **must** really **love** you.

5. She **must have** a reason for her decision.
                               이유

6. This car **must have** an engine problem.
                          엔진   문제

7. I **have to pass** my final exam.
                    기말고사

해석 확인

1. 아이들은 **반드시** 한 명의 어른과 함께 **여행해야만 한다**.
2. 방문객들은 **반드시** 프런트에서 **등록해야만 한다**.
3. 직원들은 **절대로** 직장에서 가벼운 복장을 **입어서는 안 된다**.
4. 네 부모님께서 널 정말 **사랑하시는 것이 분명해**.
5. 그녀는 **분명히** 그녀의 결정에 대한 이유가 있을 거야.
6. 이 자동차는 **분명히** 엔진 문제가 있을 거야.
7. 나는 기말고사를 **통과해야만 한다**.

④ 핵심 마무리

의무의 must

꼭 할 필요가 있는 의무, '반드시~해야만 한다'

You must try this recipe.
너는 반드시 이 요리법을 시도해봐야 한다.

I have to pass my final exam.
나는 기말고사를 통과해야만 한다.

(해야만 하는 have to)

가능성의 must

높은 가능성을 지닌 추측, '분명히 ~일 것이다'

She must have a reason.
그녀는 분명 무슨 이유가 있을 거야.

▼ 실전 응용

 My car suddenly stopped on the road!
내 차가 길 위에서 갑자기 멈췄어!

Your car must have an engine problem.
네 차는 분명히 엔진 문제가 있을 거야.

DAY 21.
조동사 have 과거분사

① 했어야 했던 일들, 조동사 have 과거분사

아, 내가 그때 그 주식을 사뒀어야 했는데! 되돌릴 수 없는 일들을 아쉬워하는 조동사 + have + 과거분사를 배워봅시다.

그것을 샀어야 했는데. » **should have bought** it.
　　　　　　　　　　　　조동사 + have + 과거분사

했어야 했는데…하는 아쉬움

조동사 have 과거분사는 '~했어야 했는데 (하지 않았다)' 라고 해석될 수 있습니다. 했어야 했는데, 할 수 있었는데 하지 않은 일들에 대한 **아쉬움**을 나타냅니다.

I should have bought it beforehand.
내가 그것을 미리 샀어야 했는데.

이었을 것이다라는 추측

조동사 have 과거분사는 '~이었을 것이다'로도 해석될 수 있습니다. 과거에 분명히 했을, 했을 수도 있는, 했을지도 모르는 일들에 대한 추측을 나타냅니다.

They must have left already.
그들은 분명히 이미 떠났을 것이다.

- **would**　했을 텐데
- **should**　했어야 했는데
- **could**　할 수도 있었는데
- **might**　이었을지도 모른다
- **must**　분명히 이었을 것이다

» 다양한 조동사가 have+과거분사다 쓰여요!

② 해석은 이렇게

조동사 have 과거분사 확인하기

should have done	했어야 했는데
would have gone	갔을 텐데
would have asked	물어봤을 텐데
must have cost	분명히 값이 나갔을 것이다
must have drunk	분명히 마셨을 것이다
may have forgotten	잊었을지도 모른다

문장 속 조동사 have 과거분사

We **should have done** that instead.
우리는 했어야 했는데 / 그것을 / 대신.

I **would have gone** home.
나는 갔을 텐데 / 집에.

That **must have cost** a fortune.
그것은 분명히 들었을 것이다 / 큰돈이.

He **must have drunk** a lot.
그는 분명히 마셨을 것이다 / (술을) 많이.

③ 응용 연습

아쉬움	추측
I **should have bought** it beforehand.	They **must have left** already.
그것을 미리 샀어야 했는데	분명히 이미 떠났을 것이다

➔ 조동사 have 과거분사의 두 의미를 복습하고, 아래 문장들을 해석해 보세요.

1. She **should not have asked** that question.
   질문

2. You **should have tried** that video game again.
   비디오 게임

3. My father **must have quit** his job yesterday.
   그만두다

4. Your girlfriend **would have liked** that gift.

5. She **may have forgotten** our appointment.
   약속

6. The CEO **might have left** for China already.
   경영자

7. She **could have bought** tickets for us too.

▼
해석 확인

1. 그녀는 그 질문을 **하지 말았어야 했다**.
2. 너는 그 비디오 게임을 다시 **해봤어야 했다**.
3. 아버지는 **분명히** 어제 일을 **그만두셨을 것이다**.
4. 너의 여자친구가 그 선물을 **좋아했을 텐데**.
5. 그녀는 우리의 약속을 **잊었을지도 모른다**.
6. 그 경영자는 이미 중국으로 **떠났을지도 모른다**.
7. 그녀는 우리를 위해서도 티켓을 살 수 있었는데. [=우리 것도 사놓지...]

④ 핵심 마무리

아쉬움

하지 않은 일에 대한 아쉬움, '~했어야 했는데'

We should have done that.
우리는 그것을 했어야 했는데.

I would have gone home.
난 집에 갔을 텐데.

She could have bought tickets for us too.
그녀는 우리를 위해서도 티켓을 살 수 있었는데.

추측

과거의 다양한 가능성에 대한 추측, '~이었을 것이다'

She may have forgotten our appointment.
그녀는 우리의 약속을 잊었을지도 모른다.

may(might), must는 추측만 가능!

He must have drunk a lot.
그는 분명히 많이 마셨을 것이다.

실전 응용

Why didn't she answer the phone?
그녀는 왜 전화를 받지 않은 거지?

She may have forgotten our appointment.
그녀는 우리의 약속을 잊었을지도 몰라.

이것만은 꼭!

가장 간단한 '거리 두기' 표현
III 조동사와 과거형의 활용

과거형과 거리두기

과거형은 '지금'이 아닌 '예전'을 가리키는, 시간상으로 거리를 두는 표현인데요. 때문에 원어민들은 과거형을 심리적인 거리를 표현하는 데에도 사용합니다. think 생각하다, want 원하다, hope 바라다 등과 같이 자신의 의견이나 요구를 전달하는 표현들을 과거형으로 쓰게 되면, 더 완곡하고 조심스러운 뉘앙스가 됩니다. 과거에 '~할까 했다'라고 표현함으로써, 지금은 상대방의 뜻대로 해도 된다는 여지를 남기는 표현이 되기 때문이죠.

> **I think you can help me.**
> ▶ 난 네가 날 도와줄 수 있다고 생각해.
>
> **I thought you could help me.**
> ▶ 난 네가 날 도와줄 수도 있겠다고 생각했지.

조동사의 과거형

의무나 추측을 나타내는 표현으로 조동사를 배웠었는데요. 이러한 조동사를 완곡한 과거형으로 표현하면 의무나 추측의 강도도 약해지게 됩니다. will이 '~할 것이다'라면 과거형인 would는 '~하겠다' 정도가 되고요. can이 '~할 수 있다'라면 과거형인 could는 '~할 수도 있겠다' 정도가 되는 거죠. 때문에 상대방에게 무언가를 정중하게 요청해야 할 때, 또는 확실치 않은 추측을 조심스레 표현할 때 조동사의 과거형을 자주 사용합니다.

> **Could you move over, please?**
> ▶ 자리 좀 옮겨 주실 수 있으실까요?
>
> **You might want to check the lost and found.**
> ▶ 분실물 보관소를 확인해보시는 게 좋을지도 모르겠네요.

강도별 조동사

must에서 might로 갈수록 '~해야만 한다'라는 당위성이나 '~할 것이다'라는 확신의 정도가 약해집니다.

	행동	가능성
must	반드시 ~해야만 한다	분명히
will	~할 것이다	~일 것이다
would	~하겠다	~일 것이다
should	~해야겠다	~이겠다
can	~할 수 있다	~이겠다
could	~할 수도 있겠다	~일 수도 있다
may	~해도 된다	~일 수도 있겠다
might	~해도 되겠다	~일지도 모른다

Chapter 2.
한눈에 쏙!
챕터 리뷰

① 타동사 문장, 3형식 이해하기

3형식 | **주어 + 타동사 + 목적어**

I really like pretty birds.
나는 정말 좋아한다   예쁜 새들을

부사
~하게

부사 + 동사
really like
정말   좋아하다

부사 + 형용사
really beautiful
정말   아름다운

부사 + 부사
really beautifully
정말   아름답게

형용사
~하는

형용사
a pretty bird
예쁜   새

현재분사
a bird singing
새   노래하고 있는

과거분사
fried chicken
튀겨진   닭

2 시제

대과거
과거 I studied 나는 공부했다
현재 I like you 너를 좋아한다
미래 I will go 갈 것이다

과거완료 had already left 이미 나왔었다

현재완료
- 결과 have finished "(드디어) 마쳤다"
- 지속 have lived "(지금까지) 살아왔다"
- 경험 have seen "(예전에) 본 적 있다"

3 조동사

must	should	will	can	may
반드시 ~해야 한다	~해야겠다	~할 것이다	~할 수 있다	~해도 된다
분명히 ~일 것이다	~이겠다	~일 것이다	~일 수도 있다	~일지도 모른다

매일 10분
왕기초 영문법의 기적

Chapter 3.

2, 4, 5 형식

다양한 형식의 문장 이해하기

---

2 형식

나는 ~이다   마이클
I **am** Michael.

2형식 동사 + 보어

---

4 형식

줘   나에게   맥주를!
Give me a beer!

수여동사 + 간접 목적어 + 직접 목적어

---

5 형식

그녀는   하게 한다   나를   미소 짓게
She **makes** me smile.

5형식 동사 + 목적어 + 보어

동사로 만든 품사

동명사	**I like singing.** 나는 노래하는 것을 좋아한다.
분사	**a bird singing** 노래하고 있는 새
to부정사	**I like to sing.** 나는 노래하는 것을 좋아한다.

DAY 22.
2형식 문장 Ⅰ

① 주어 = 보어인 2형식 문장

설레는 소개팅! 약속 장소에서 상대가 '마이클 씨세요?'라고 묻는다면? 'Yes, I am Michael. 네, 제가 마이클입니다!'라고 대답할 수 있게 해주는 2형식 동사와 보어를 알아봅시다.

내가 마이클이다. » I **am** Michael.
　　　　　　　　　　be 동사 =

( )이다의 빈칸, **보어**로 채우세요

'되다', '이다'와 같은 동사들을 '**어떠하게 되다**', '**무엇이다**'와 같이 완전한 말로 완성해주는 말이 보어입니다. **형용사**와 **명사**가 보어가 될 수 있습니다.

> I am 내가 이다 → I am **Michael**. 내가 마이클이다.

be는 ~이다(=), become은 되다(→)

be 동사는 '어떠하다', '무엇이다'로, '주어 = 보어'인 상태를 나타냅니다. become 동사는 '어떠해지다', '무엇이 되다'로, '주어 → 보어'의 상태변화를 나타냅니다.

> I **became** a doctor. 나는 의사가 됐다.

I am at the park 나는 공원에 있다.
There is a park. 공원이 하나 있다.
Here is the change. 거스름 돈 여기 있어요.

» be + 전치사구 / 부사구 = 어디에 있다

② 해석은 이렇게

2형식 동사 + 보어 확인하기

is a teacher	선생님이다
is *****married**	결혼한 상태이다
is at the theater	극장에 있다
become a dentist	치과의사가 되다
get *****lost**	길을 잃게 되다
turn yellow	노랗게 되다

* 과거분사 = 형용사 **DAY 08. 참고**
※ become[되다] 동사 = get, turn, go, come, grow 등

문장 속 2형식 동사 + 보어

I **am a teacher**.
나는 선생님이다.

We **are married**.
우리는 결혼한 상태이다.

The child **got lost** at the zoo.
그 아이는 길을 잃게 됐다 / 동물원에서.

Leaves **turn yellow** in the fall.
잎들이 노랗게 된다 / 가을에는.

③ 응용 연습

`become 어떠하게·무엇이 되다`   `go 어떠하게 되어버리다`

`grow 점점 어떠해지다`   `turn 어떠하게 변하다`   `get 어떠해지다`

→ 다양한 become 동사를 공부하고, 아래 문장들을 해석해 보세요.

1. There **are four bedrooms** in my house.
                     침실

2. I **am at the theater** right now.
               극장

3. This **is my favorite song**.
           가장 좋아하는 노래

4. My cousin **became a dentist**.
     사촌

5. He **grew bored** with his job.
           지루해진

6. My younger sister **turns 20** this year.
       여동생

7. I **got sick** last week.
        아픈

해석 확인

1. 내 집에는 네 개의 **침실**이 있다.
2. 나는 지금 **극장**에 있다.
3. 이것은 **내가 가장 좋아하는 노래이다**.
4. 내 사촌은 **치과의사가 됐다**.
5. 그는 그의 직업이 **점점 지루해졌다** (=싫증을 느꼈다).
6. 내 여동생은 올해 **20살이 된다**.
7. 나는 지난주에 **아프게 됐다**(=병이 났다).

④ 핵심 마무리

보어

'되다', '이다' 동사를 완전한 말로 완성하는, 보어

보어
= 명사, 형용사

I am a teacher. 나는 선생님이다.

I got sick last week.
나는 지난주에 아프게 됐다(=병이 났다).

2형식 동사 Ⅰ

상태(=)의 be 동사
상태변화(→)의 become 동사

be는 주어에 따라
am, are, is로!

We are married. 우리는 결혼했다.

My cousin became a dentist.
내 사촌은 치과의사가 됐다.

The eggs all went bad.
달걀이 모두 나빠졌다(=상했다).

▼
실전
응용

Hey, it's Kelly. 얘, 나 켈리야.

You're late for the movie. 너 영화에 늦었잖아.

Sorry, I just got sick. 미안, 나 방금 아프게 됐어(=병이 났어).

DAY 23.
2형식 문장 Ⅱ

① 다양한 2형식 동사

2형식 동사는 딱 네 가지가 있습니다. 먼저 상태의 be 동사, 상태변화의 become 동사가 있고요(DAY 22). 상태유지를 나타내는 remain 동사와 오감을 나타내는 feel 동사(=감각동사)가 있습니다.

쭉 조용히 있다 **remain** silent vs. 어색한 느낌이다 **feel** awkward

암기초 해석법

계속 어떠한 remain 동사

be silent는 '조용하다'로 해석되지만, remain silent는 '쭉~ 조용히 **있다**', '**계속 조용하다**'로 해석됩니다. be 동사가 상태를 나타낸다면, remain 동사는 상태유지를 나타냅니다.

be silent 조용하다

remain silent 쭉 조용히 있다

계속 조용히

어색한 느낌

느껴지는 feel 동사(=감각동사)

feel 어떠한 느낌이다, look 어떠해 보인다, sound 어떠하게 들린다, taste 어떠한 맛이다, smell 어떠한 냄새가 난다와 같은 동사입니다. 보어로 부사가 아닌 **형용사**를 씁니다.

be awkward 어색하다

feel awkward 어색한 느낌이다

핵심 TIP

He **looks like** a nice person. 그는 좋은 사람처럼 보인다.

》 감각동사 + like 명사

② 해석은 이렇게

remain 동사 & feel 동사 확인하기

keep calm	계속 침착하다
stay open	계속 열려 있다
remain *hidden**	계속 숨겨져 있다
feel *tired**	피곤해졌다고 느끼다
look happy	행복해 보인다
feel like home	집같이 느껴진다

* 과거분사 = 형용사 DAY 08. 참고
※ remain[계속 ~하다] 동사 = keep, stay, stand 등

문장 속 remain 동사 & feel 동사

Keep calm in emergencies.
계속 침착하세요 / 비상사태에는.

Stores will **stay open** at Christmas.
가게들은 계속 열려 있을 것이다 / 크리스마스 때에.

I **feel tired** after work.
나는 피곤해졌다고 느낀다 / 퇴근 후에.

You **look happy** these days.
너는 행복해 보인다 / 요즘.

③ 응용 연습

> **remain** 어떠한 채로 있다 **keep** 줄곧 어떠하다
>
> **stay** 계속 어떠하다 **sound** 어떠하게 들린다 **taste** 어떠한 맛이 나다

➡ 위의 2형식 동사를 공부하고, 아래 문장들을 해석해 보세요.

1. She **kept busy** all day.
   　　　　　　하루 종일

2. The students **stayed quiet** during the test.
   　　　　　　　　조용한　　　~동안, 내내

3. The cat **remained hidden** in the bushes.
   　　　　　　　　　　　　　　　덤불

4. That song **sounds familiar**.
   　　　　　　　　　　익숙한

5. This **smells like fish**.

6. This food **tastes like crap**.
   　　　　　　　　　　　똥, 쓰레기

7. My new apartment finally **feels like home**.

해석 확인

1. 그녀는 하루 종일 **줄곧 바쁘게 보냈다**.
2. 그 학생들은 시험 동안 **계속 조용했다**.
3. 그 고양이는 **쭉** 덤불 속에 **숨어있었다**.
4. 그 노래는 **익숙하게 들린다**.
5. 이것은 **생선 같은 냄새가 난다** (=비린내가 난다).
6. 이 음식은 **똥 같은 맛이 난다**(=맛이 없다).
7. 내 새 아파트가 마침내 **집같이**(=편안하게) **느껴진다**.

④ 핵심 마무리

remain 동사

'계속 어떠한' 상태 유지를 나타내는 remain 동사

remain	**keep**	**stay**
어떠한 채로 있다	줄곧 어떠하다	계속 어떠하다

stand	**lie**
어떤 상태로 있다	계속 어떠하게 있다

감각동사

'어떠하게 느껴지는' 감각을 나타내는 feel 동사

look	**sound**	**smell**
어떠하게 보이다	어떠하게 들리다	어떠한 냄새가 나다

taste	**feel**
어떠한 맛이 나다	어떠하게 느껴지다

뒤에 '무엇'이 오면 like를 붙여요!

실전 응용

You look tired today. 너 오늘 피곤해 보인다.

My team kept busy all day.
우리 팀 하루 종일 쭉 바빴어.

DAY 24.
4형식 문장

① 간접 목적어에게 직접 목적어를 '준다'

'주다'라는 의미를 지닌 동사들을 '수여'동사라고 부릅니다. 수여동사는 목적어가 두 개인데요. 간접 목적어(~에게)는 받는 사람을, 직접 목적어(~를)는 주는 물건을 나타냅니다.

수여동사	간접 목적어	직접 목적어
Give	**me**	**a beer**!
줘	나에게	맥주를!

왕기초 해석법

너에게
맥주를
주다

직접 목적어 = 무엇을, 누구를

직접 목적어는 상대에게 주는 것입니다. 간접 목적어 뒤에서 '무엇, 누구를'로 해석되는 명사입니다.

Give me a beer. 나에게 맥주를 줘.

간접 목적어 = 무엇·누구에게

간접 목적어는 직접 목적어를 받는 대상입니다. 직접 목적어 앞에서 '무엇, 누구에게'로 해석되는 명사입니다. 간접 목적어를 갖는 동사들은 모두 '주다'의 의미를 지닙니다.

Open me a beer. 나에게 맥주를 따줘.

Buy me a beer. 나에게 맥주를 사줘.

핵심 TIP

He opened me a beer. 맥주를 따서 내게 줬다 》》 4형식 = 해서 주다

vs.

He opened a beer for me. 맥주를 땄다 》》 3형식 = 하다

② 해석은 이렇게

수여동사 확인하기

give me a soda	나에게 탄산음료를 주다
bake her a cake	그녀에게 케이크를 구워주다
show him ID*	그에게 *신분증을 보여주다
buy us a pizza	우리에게 피자를 사주다
tell me a secret	나에게 비밀을 말해주다
send me a letter	나에게 편지를 보내주다

* identification '신분증명서'의 약자

문장 속 4형식의 해석

She gave me a soda.
그녀는 주었다 / 나에게 / 탄산음료를.

He baked his mother a cake.
그는 구워드렸다 / 그의 어머니께 / 케이크를.

He bought us a pizza.
그는 사줬다 / 우리에게 / 피자를.

Tell me a secret.
말해줘 / 나에게 / 비밀을.

③ 응용 연습

- show 보여주다
- send 보내주다
- make 만들어주다
- bring 가져다주다
- write 써주다

→ 다양한 수여동사를 공부하고, 아래 문장들을 해석해 보세요.

1. She **showed** the policeman her ID.
   경찰관

2. My friend **sent** me a letter.
   편지

3. **Make** me a sandwich.
   샌드위치

4. My husband **brought** me flowers.

5. I **wrote** my mom a thank you card.
   감사 카드

6. The CEO **gave** his employees a huge raise.
   엄청난 연봉 인상

7. He **bought** himself a nice suit.
   정장

해석 확인

1. 그녀는 **경찰관**에게 그녀의 **신분증**을 보여줬다.
2. 내 친구는 **나에게 편지를** 보내줬다.
3. **나에게 샌드위치를** 만들어줘.
4. 내 남편은 **나에게 꽃을** 가져다줬다.
5. 나는 **엄마께 감사 카드를** 써드렸다.
6. 그 경영자는 그의 **직원들에게** 엄청난 **임금 인상**을 해줬다.
7. 그는 자신에게 좋은 **정장** 한 벌을 사줬다.

④ 핵심 마무리

직접 목적어
상대에게 주는 것, '무엇, 누구를'

Give me a beer. 나에게 맥주를 줘.

간접 목적어
직접 목적어를 받는 상대, '무엇, 누구에게'

Open me a beer. 나에게 맥주를 따줘.

He bought us a pizza.
그는 우리에게 피자를 사줬다.

나형식 동사 = 수여동사!

실전 응용

I'm getting a beer. 나 맥주 마실 거야.

Oh, open me one too.
오, 나도 하나 따주라.

DAY 25.
5형식 문장 I

① 어떤 일을 '일어나게 하는' 5형식

5형식은 두 종류의 문장이 있습니다. 첫 번째로 '~하게·~되게 하다'로 해석되는 사역동사 문장부터 배워봅시다. 사역동사란 어떤 일을 일어나게 '유발'하는 동사입니다.

주어	사역동사	목적어	동사원형
She	makes	me	smile.
그녀는	하게 해	내가	미소 짓게.

왕기초 해석법

움직이게

목적어를 동사·to동사하게 하다

사역동사 + 목적어 + 동사·to동사는 '목적어가 동사하게 하다'로 해석합니다. make, let, have, help 이외의 사역동사들은 목적어 뒤에 to동사만을 취합니다.

She makes me smile. 그녀는 내가 미소 짓게 해.

목적어를 형용사·명사되게 하다

사역동사 + 목적어 + 형용사·명사는 '목적어를 ~되게 하다'로 해석합니다. '되게 하다'의 의미 때문에 형용사인 과거분사(~된)도 자주 옵니다.

I will get it fixed. 그것이 고쳐지게 할게(=고쳐놓을게).

핵심 TIP

I **ask** you to leave. 네가 나가도록 요청한다 = 나가주셔야겠습니다.
I **need** you to do this. 이것을 하는 것이 필요하다 = 해줘야겠다.

» '간접적으로 시켜도' 사역동사!

② 해석은 이렇게

사역동사 확인하기

let it burn	그것이 타게 두다
get him to quit	그가 그만두게 하다
get it done*	그것이 완료되게* 하다
make me sick	내가 아프게 만들다
need you to quit	네가 그만두는 것이 필요하다 (=그만둬 줘야겠다)
have it cleaned	그것이 청소되게 하다

* 과거분사 = '하게 된, 해진' **DAY 08. 참고**

문장 속 사역동사의 해석

Don't **let** the steak burn.
두지 마라 / 그 스테이크가 타게(=태우지 마라).

I **got** him to quit smoking.
나는 했다 / 그가 담배 피는 것을 그만두게.

Alcohol **makes** me sick.
알코올은 만든다 / 내가 아프게.

I **had** my house cleaned.
나는 했다 / 내 집이 깨끗해지게.

③ 응용 연습

> make 하게 만들다   let 하게 해주다   have 하게 하다
> get 하게 하다   require 할 것을 요구하다

→ 다양한 사역동사를 복습하고, 아래 문장들을 해석해 보세요.

1. We **made** him pay the bill.
   계산서

2. The president **lets** his employees wear jeans.
   청바지

3. I will **get** the project done today.

4. My brother **got** me to try sushi in Japan.
   초밥

5. My boss will **make** me a manager soon.
   관리자, 매니저

6. We **require** all visitors to register.
   등록·신고하다

7. I **need** you to quit your job.

해석 확인

1. 우리는 **그가 계산서를 지불하게 했다**.
2. 사장님은 **직원들이 청바지를 입게 해주신다**.
3. 나는 **프로젝트가 오늘 완료되게 할 것이다** (=다 끝낼 것이다).
4. 내 형제는 **내가** 일본에서 **초밥을 시도해 보게 했다**(=먹어보게 했다).
5. 내 상사는 **곧 내가 관리자가 되게 만들 것이다**.
6. 저희는 **모든 방문객들이 (방문) 신고하실 것을 요구드립니다**.
7. 나는 **네가 일을 그만두는 것이 필요하다** (=그만둬 줘야겠다).

④ 핵심 마무리

동사하게 하다

사역동사 + 목적어 + 동사·to동사
'목적어가 동사하게 하다'

She makes me smile.
그녀는 내가 미소 짓게 해.

She got it to work.
그녀는 그것이 작동하게 했어.

~되게 하다

사역동사 + 목적어 + 형용사·명사
'목적어가 ~되게 하다'

I will make you a star.
네가 스타가 되게 해줄게.

I will get it fixed.
그것이 고쳐지게 할게(=고쳐놓을게).

'된'이라는 의미의 과거분사도 자주 사용!

실전 응용

 I need you to quit smoking. 너 금연해줘야겠어.

It is harmful to our baby. 우리 아기에게 해롭거든.

Okay. I'll try. 알겠어. 해볼게.

DAY 26.
5형식 문장 Ⅱ

① 어떤 일을 '바라보는' 5형식

두 번째 5형식 문장은 '~하는 것을 보다··~하다고 여기다'로 해석되는 문장입니다. '관찰'하는 동사(=지각동사)와 '판단'하는 동사들이 자주 쓰입니다.

주어	지각동사	목적어	동사원형
I	saw	you	cross the street.
나는	봤어	네가	길을 건너는 것을.

왕기초 해석법

동사·현재분사와 쓰는 지각동사

see, hear, feel(느끼다) 등의 동사는 '목적어가 동사하는 것을 보다' 문장에서 쓰입니다. '동사하는'이라는 뜻 때문에 현재분사(~하는, ~하고 있는)도 자주 옵니다.

> **I heard you crying.** 나는 네가 울고 있는 것을 들었어.

to동사, 보어와 쓰는 판단동사

believe, find, consider(여기다), see(여기다) 등의 판단동사는 '목적어가 어떠하다고 여기다' 문장에서 쓰입니다. '어떠하다'라는 뜻 때문에 be 동사 + 보어도 자주 옵니다.

> **I believe him to be a genius.**
> 나는 그가 천재라고 믿는다.

핵심 TIP

I *see* him as brilliant. 나는 그가 명석하다고 여긴다.
I *regard* him as a genius. 나는 그가 천재라고 여긴다.

≫ 목적어 뒤에 as 형용사·명사를 쓰는 동사에 유의!

② 해석은 이렇게

지각동사 & 판단동사 확인하기

feel it move	그것이 움직이는 것을 느끼다
see her waiting*	그녀가 기다리고 있는 것을 보다
watch it rise	그것이 뜨는 것을 보다
find it funny	그것이 재미있다고 여기다
believe it to be true	그것이 진실이라고 믿다
consider herself clever	그녀 자신이 똑똑하다고 여기다

* 현재분사 '하는, 하고 있는' DAY 08. 참고

문장 속 지각동사 & 판단동사

She felt the earth move.
그녀는 느꼈다 / 땅이 움직이는 것을.

They watched the sun rise.
그들은 봤다 / 해가 뜨는 것을.

I find this situation funny.
나는 여긴다 / 이 상황이 재미있다고.

She considers herself clever.
그녀는 여긴다 / 그녀 자신이 똑똑하다고.

③ 응용 연습

| hear 듣다 | see 보다 | watch 보다 |
| believe 믿다 | consider 여기다 | regard 여기다 |

→ 다양한 지각동사와 판단동사를 학습하고, 아래 문장들을 해석해 보세요.

1. We **heard** the baby crying.

2. I **saw** my friend waiting in line.
   　　　　　　　　　　줄을 서서

3. We **watched** the sun set together.
   　　　　　　　　(해, 달이) 지다

4. No one **found** that movie interesting.
   　　　　　　　　　　　　재미있는

5. She **believed** his story to be true.
   　　　　　　　　이야기

6. He **considers** himself to be rich.
   　　　　　　　　　　　　부유한

7. She **sees** him only **as** a friend.

---

* see는 지각동사(보다), 판단동사(여기다) 모두 가능!

해석
확인

1. 우리는 아기가 우는 것을 들었다.
2. 나는 내 친구가 줄을 서서 기다리고 있는 것을 봤다.
3. 우리는 함께 해가 지는 것을 봤다.
4. 누구도 그 영화가 재미있다고 여기지 않았다.
5. 그녀는 그의 이야기가 진실이라고 믿었다.
6. 그는 그 자신이 부유하다고 여긴다.
7. 그녀는 그를 단지 **친구로만** 여긴다.

④ 핵심 마무리

지각동사

지각동사 + 목적어 + 동사·현재분사
'목적어가 동사하는 것을 보다'

I saw you cross the street.
나는 네가 길을 건너는 것을 봤어.

I heard you crying.
나는 네가 울고 있는 것을 들었어.

판단동사

판단동사 + 목적어 + to동사·보어
'목적어가 어떠하다고 여기다'

I find it odd. 나는 그것이 이상하다고 여긴다.

I believe him to be a genius.
나는 그가 천재라고 믿는다.

I see him as brilliant.
나는 그가 명석하다고 여긴다.

see, regard + 목적어 + as 형용사·명사

▼ 실전 응용

Hey, did you feel the earth move last night?
얘, 너 어젯밤에 땅이 흔들리는 거 느꼈어?

Oh, yeah… I found it quite scary…
오, 맞아…난 그게 꽤 무섭다고 여겼어.

DAY 27.
수동태

① be, become + 과거분사 = ~되다

과거분사는 '하게 된, 해진'으로 해석됐는데요(DAY 08). be, become 동사(DAY 22) 뒤에 쓰이면 '~되다'로 해석되는 수동태가 됩니다.

        be, become 동사   과거분사
She   **was**   **promoted**.
그녀가   승진되었다.

암기초 해석법

~하다가 ~되다가 되면? 수동태!

'동사하다'를 '동사된'으로 바꾼 형용사가 **과거분사**인데요. 이 과거분사를 상태나 상태변화를 나타내는 be, become 동사 뒤에 쓰면 '**동사되다**'라는 뜻의 **수동태**가 됩니다.

> **promote** 승진시키다   **promoted** 승진된
>
> I got **promoted**. 내가 승진되었다.

다양한 동사로 만드는 과거분사

생각보다 다양한 동사들을 과거분사로 만들 수 있습니다. **4형식, 5형식의 동사**들로 만든 과거분사와 수동태 문장들도 살펴보세요.

> **offer** 제의하다   **offered** 제의된, 제의 받은
>
> I was **offered** a job. 나는 / 제의 받았다 / 직장을.

핵심 TIP

This novel must be written **by a genius**.
이 소설은 분명 천재에 의해 쓰였을 것이다.

>> 수동태 뒤의 by = ~에 의해

 해석은 이렇게

수동태 확인하기

be invited	초대되다
get fired	해고되다
get stolen	도난당하다
go forgotten	잊혀지다
be offered a free trip	무료 여행을 제공받다
be made to clean	청소하게 되다

문장 속 수동태

She **was invited** to the party.
그녀는 초대되었다 / 그 파티에.

My car **got stolen** last night.
내 차가 도난당했다 / 지난밤에.

My coworker **got fired** today.
내 동료가 해고되었다 / 오늘.

I **was made** to clean my room.＊
나는 하게 만들어졌다(=강요당했다) / 내 방을 청소하게.

＊ 5형식으로 수동태를 만들면 뒤엔 to동사가 와요.

③ 응용 연습

| get 어떠해지다 | become 어떠하게 되다 | go 어떠하게 되어버리다 |

| fixed 수리된 | hurt 부상당한 | forgotten 잊혀진 |

→ 위의 become 동사와 과거분사를 공부하고, 아래 문장들을 해석해보세요.

1. The washing machine **is fixed** now.
   세탁기

2. These bathrooms **are cleaned** daily.
   화장실   매일

3. No one **got hurt** in the car accident.
                                  자동차 사고

4. I ***was offered** a free trip.
              무료   여행

5. You ****are recommended** to receive a health checkup.
       권장 받는   건강 검진

6. Many soldiers **became injured** in the battle.
   병사   부상당한

7. Even after centuries, the old stories did not **go forgotten**.
   세기(=100년)

* 4형식의 수동태 = 받다
** 5형식의 수동태 = 하게 되다

해석 확인

1. 그 세탁기는 이제 **수리되었다**.
2. 이 화장실들은 매일 **청소된다**.
3. 그 자동차 사고에서 누구도 **부상당하지** 않았다.
4. 나는 무료 여행을 **제공받았다**.
5. 당신은 건강 검진을 받도록 **권장됩니다**.
6. 많은 병사들이 그 전투에서 **부상당했다**.
7. 수세기 이후에도(=수백 년이 지난 후에도), 그 오래된 이야기들은 **잊혀지지** 않았다.

④ 핵심 마무리

수동태

'동사되다'라고 해석되는
be, become 동사 + 과거분사

She was invited to the party.
그녀는 그 파티에 초대되었다.

My coworker got fired today.
내 동료가 오늘 해고되었다.

다양한 수동태

4형식, 5형식 동사로 만든 수동태에 유의

I was given another chance.
나는 또 다른 기회를 받았다.

I was made to clean the room.
나는 그 방을 청소하게 되었다.

사역동사 수동태 뒤엔 to부정사!

실전 응용

No one got killed in the car accident.
그 자동차 사고에서 아무도 죽임당하지 않았어.

Yeah, they were given another chance at life.
응, 그들은 삶에서 또 하나의 기회를 받은 거지.

IV. 다양한 동사로 만드는 문장의 5형식

자·타동사로 만드는 1형식, 3형식

'자동사'는 주어의 동작만이 묘사되는 1형식 문장에서, '타동사'는 목적어가 함께 나오는 3형식 문장에서 사용되는데요. 사실 영어의 많은 동사들이 자동사로도, 타동사로도 사용될 수 있답니다. 예를 들어 walk는 '(누가) 걷는다'라는 뜻도 있지만 '(애완동물 등을) 산책시키다'라는 뜻으로도 쓰이죠.

> I usually **drive** to work.
> ▶ 난 보통은 운전해서 출근해.
>
> Would you **drive her** home?
> ▶ 그녀를 집에 태워다 줄래?

여러가지 수여동사로 만드는 4형식

목적어가 2개인 '수여동사'가 사용된 문장을 4형식 문장이라고 하는데요. 생각보다 다양한 동사들을 수여동사로 사용할 수 있답니다. '~을 열다'라는 뜻의 open은 4형식에서는 '~에게 ~을 열어주다'라는 뜻으로 쓰이고요, '~을 쓰다'라는 뜻의 write는 '~에게 ~을 써주다'라는 뜻이 되죠.

> **Open** me a beer, too!
> ▶ 나도 맥주 한 병 따주라!
>
> He **wrote** me a letter of recommendation.
> ▶ 그가 나에게 추천서를 써줬어.

상태를 묘사하는 2형식

2형식 문장은 주로 주어의 상태를 묘사할 때 사용하는데요. 그러다 보니 상태와 관련된 네 가지 동사를 주로 사용합니다. '어떠하다'라는 뜻의 상태동사 be, '어떠해지다'라는 뜻의 상태 변화동사 become, get 등이 가장 대표적이고요. '계속 어떠하다'라는 뜻의 상태 유지동사 remain, keep, stay와 '어떠한 느낌이다'라는 뜻의 감각동사 sound, feel, taste, look, smell도 많이 쓰입니다.

> **I am hangry now.**
> ▶ 나 지금 배가 고파서 화가 나.
>
> **I am getting hangry.**
> ▶ 배가 고파서 화가 나려고 해.
>
> **He couldn't stay calm at all.**
> ▶ 그는 전혀 침착함을 유지할 수가 없었어.
>
> **Wow. It looks good on you!**
> ▶ 와. 그거 너한테 잘 어울려 보여!

유발하거나 바라보거나, 5형식

5형식은 어떤 일을 '일어나게 하는' 사역동사가 사용된 문장과, 어떤 일을 '바라보고 판단하는' 지각·판단동사가 사용된 문장으로 크게 나눌 수 있습니다. 사역동사 문장은 '목적어가 ~되게 하다'라고 자주 해석이 되는데, 그래서 과거분사를 자주 쓰고요. 지각동사 문장은 '목적어가 ~하는 것을 바라보다'라고 해석이 되어서, 현재분사를 자주 씁니다.

> **Get the job done.**
> ▶ 일 끝내 놔.
>
> **I didn't see that coming.**
> ▶ 그런 일이 오는 걸 보지(=예상치) 못했어.

DAY 28.
현재분사 vs. 동명사

① 형용사도 되고 명사도 되는 동사ing

동사ing 모양의 단어에는 두 가지 종류가 있습니다. 하나는 DAY 08에서 배운 현재분사입니다. '~하는, ~하고 있는'으로 해석되죠. 다른 하나가 바로 '~하기'로 해석되는 동명사입니다.

I **like** **singing**.
나는 좋아한다 노래하기를.
         동명사 목적어

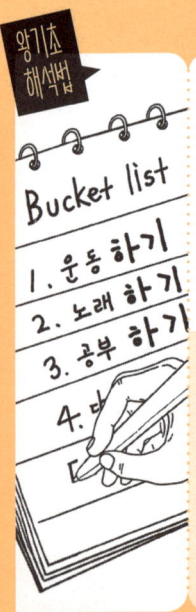

형용사로 쓰는 ~하고 있는 현재분사

형용사는 명사의 앞이나 보어 자리에 나오는데요(DAY 07, 22~23). 동사ing가 이 자리에 나온다면 현재분사입니다. '~하는', '~하고 있는'으로 해석합니다.

a bird singing 노래하고 있는 새

명사처럼 쓰는 ~하기 동명사

명사는 주어, 목적어, 보어, 전치사 뒤 자리에 나오는데요. 동사ing가 이 자리에 나온다면 동명사입니다. '~하기', '~하는 것'으로 해석합니다.

I like singing. 나는 노래하기를 좋아한다.

Seeing is believing.
보는 것이 믿고 있다(×) vs. 믿는 것이다(○) (=백문이 불여일견).

≫ 헷갈릴 땐 해석해서 자연스러운 결론!

② 해석은 이렇게

현재분사 vs. 동명사 확인하기

love learning	배우기를 좋아하다
enjoy painting	그림 그리기를 즐기다
hate cleaning	청소하기를 싫어하다
prefer eating	먹는 것을 선호하다
woman singing	노래하고 있는 여자
barking dog	짖는 개

* 동명사와 현재분사 구분에 유의! **DAY 08. 참고**

문장 속 현재분사 vs. 동명사

We **like** shopping.
우리는 좋아한다 / 쇼핑하는 것을.

I **hate** cleaning my bathroom.
나는 싫어한다 / 내 화장실을 청소하는 것을.

My sister **enjoys** painting.
내 자매는 즐긴다 / 그림 그리기를.

The woman **singing** is my mother.
노래하고 있는 그 여자는 / 나의 어머니이다.

③ 응용 연습

현재분사	동명사
the woman singing 노래하고 있는 여성	**I love singing.** 노래하는 것을 좋아한다.

→ 현재분사와 동명사의 쓰임을 복습하고, 아래 문장들을 해석해 보세요.

1. **Travelling is** an expensive hobby.
                          비싼   취미

2. My family **prefers eating** at home.
        가족

3. I **love learning** foreign languages.
                          외국어

4. She **started playing** chess at age 5.

5. The dog **chasing your brother** is mine.
             뒤쫓다

6. She soothed the **crying baby**.
         달래다

7. Imagine **a bear dancing**.
      상상하다   곰

해석 확인

1. 여행하는 것은 비싼 취미이다.
2. 내 가족은 집에서 먹는 것을 선호한다.
3. 나는 외국어를 배우기를 좋아한다.
4. 그녀는 5살 때부터 체스를 두기 시작했다.
5. 네 형제를 뒤쫓고 있는 개가 내 개다.
6. 그녀가 우는 아기를 달랬다.
7. 춤추는 곰을 상상해봐라.

④ 핵심 마무리

현재분사
형용사처럼 명사의 앞뒤, 보어 자리에 오는 동사ing, 현재분사

The woman singing is my mother. 노래하고 있는 그 여자는 나의 어머니이다.

She soothed the crying baby. 그녀는 우는 아기를 달랬다.

동명사
명사처럼 주어, 목적어, 전치사 뒤에 오는 동사ing, 동명사

I like singing. 나는 노래하기를 좋아한다.

동명사 주어 = 3인칭 단수

Travelling is an expensive hobby. 여행하는 것은 비싼 취미이다.

실전 응용

Travelling is an expensive hobby.
여행하는 것은 비싼 취미야.

Right. Airline tickets are too expensive.
맞아. 비행기 티켓이 너무 비싸지.

DAY 29.
to부정사 I

1. to부정사① 동사를 명사로 써먹기

동사가 '~하다'로 해석되니, 명사로 바꾸면 '~하기, ~하는 것'이 되겠죠? (DAY 28의 동명사 참고.) 'to 동사' 모양의 to부정사도 '~하기, ~하는 것' 으로 해석할 수 있습니다.

I	like	to부정사 목적어 to sing.
나는	좋아한다	노래하기를.

왕기초 해석법

문 잠글 것

ing를 붙여 만든 명사, 동명사

명사는 주어, 목적어, 보어, 전치사 뒤 자리에 나오는데요. 이 자리에 나온 동사ing가 동명사입니다. '~하기', '~하는 것' 으로 해석합니다.

> I like singing. 나는 노래하기를 좋아한다.

to를 붙여 만든 명사, to부정사

to부정사도 주어, 목적어, 보어로 나오면 '~하기', '~하는 것' 으로 해석합니다. 동사 앞의 to가 전치사에서 유래했기에, 전치사 뒤에 to부정사를 또 쓰지는 않습니다.

> I like to sing. 나는 노래하기를 좋아한다.

핵심 TIP

Don't *forget* to lock the door! 문 잠그는 거[미래] 잊지 마!
I *forgot* locking the door. 문을 (이미) 잠근 것[과거]을 잊어버렸다.

>> 동명사와 to부정사의 해석 차이에 주의!

② 해석은 이렇게

동명사 vs. to부정사 확인하기

hate cooking*	요리하기*를 싫어하다
plan to move	이사할 것을 계획하다
want to sleep	잠자기를 원하다
promise to meet	만날 것을 약속하다
remember to call**	전화할 것을** 기억하다
remember calling**	전화한 것을** 기억하다

* 명사처럼 쓰이는 동명사 **DAY 28. 참고**
** remember(기억하다), forget(잊다), regret(후회하다) + to할 것을 / 동명사한 것을

문장 속 동명사 vs. to부정사

I **hate** cooking.
나는 싫어한다 / 요리하기를.

I **want** to sleep.
나는 원한다 / 잠자기를.

I **remembered** to call my mother.
나는 기억했다 / 내 어머니께 전화할 것을.

I do not **remember** calling my ex-girlfriend.
나는 기억하지 못한다 / 내 전 여자 친구에게 전화한 것을.

③ 응용 연습

동명사	to부정사
enjoy cooking 요리하기를 즐긴다	**want** to sleep 잠자기를 원한다

➡ 동명사와 to부정사의 쓰임을 복습하고, 아래 문장들을 해석해 보세요.

---

1. **To work** overseas **is** my dream.
   해외에서

---

2. I **need to find** another hobby.
   또 다른

---

3. The newlyweds **want to buy*** a house soon.
   신혼부부

---

4. We **promised to meet*** again someday.
   언젠가

---

5. They **plan to move*** to the countryside.
   시골 지역

---

6. I **stopped eating**** meat last month.
   고기

---

7. My dad **enjoys watching**** sports on TV.
   스포츠

---

* to부정사 목적어만 갖는 동사: want(원하다), promise(약속하다), plan(계획하다) 등
** 동명사 목적어만 갖는 동사: stop(멈추다), enjoy(즐기다), give up(포기하다) 등

해석
확인

1. 해외에서 **일하는 것은** 내 꿈이다.
2. 나는 또 다른 취미를 **찾는 것이** 필요하다 (=찾아야겠다).
3. 그 신혼부부는 곧 집을 **사기를 원한다**.
4. 우리는 언젠가 다시 **만날 것을** 약속했다.
5. 그들은 시골 지역으로 **이사할 것을** 계획한다.
6. 나는 지난달부터 고기를 먹는 것을 멈췄다.
7. 아빠는 TV로 스포츠를 보는 것을 즐긴다.

핵심 마무리

동명사

명사처럼 주어, 목적어, 보어, 전치사 뒤에 오는 동사ing, 동명사

stop, enjoy
give up + 동명사

- **I like singing.** 나는 노래하기를 좋아한다.

to부정사

명사처럼 주어, 목적어, 보어 자리에 오는 to동사, to부정사

plan, want,
hope + to부정사

- **I want to sleep.** 나는 잠자기를 원한다.
- **I need to find another hobby.**
  나는 또 다른 취미를 찾는 것이 필요하다.

실전 응용

I like singing. What's your hobby?
난 노래하는 게 좋아. 네 취미는 뭐니?

Well… I don't know. 글쎄, 잘 모르겠어.

I need to find a hobby.
취미를 하나 찾는 게 필요하겠어.

DAY 30.
to부정사 Ⅱ

① to부정사② 동사를 형용사로 써먹기

DAY 08에서 동사로 만든 형용사, 분사를 공부했는데요(현재분사 '~하는', 과거분사 '~된'). to부정사도 명사 뒤에서 '~할'로 해석되는 형용사가 될 수 있습니다.

<u>**something**</u>   **to eat**   »   먹을 것
명사   to부정사 형용사
어떤 것   먹을

왕기초 해석법

ing와 ed를 붙여 만든 형용사, 분사

현재분사와 과거분사는 명사의 앞뒤에서 '~하는, ~하고 있는' 명사, '~하게 된, ~해진' 명사로 해석됩니다.

a bird singing 노래하는 새

fried chicken 튀겨진 닭

마실 것 좀

to를 붙여 만든 형용사, to부정사

to부정사는 **명사 뒤에서** '~할, ~해야 할' 명사로 해석됩니다. to부정사에 있는 **미래의 뉘앙스** 때문에, '~하는'이 아닌 '~할'로 해석됩니다.

something to drink 마실 것

핵심 TIP

- I **plan** to visit Korea. 나는 한국을 **방문하기**를 계획한다.
  동사   명사[목적어]

- I have a **plan** to visit Korea. 나는 한국을 **방문할** 계획이 있다.
  명사   형용사

» 자리에 따른 해석 차이에 주의!

해석은 이렇게

형용사로 쓰이는 to부정사 확인하기

time to think	생각할 시간
something to eat	먹을 것
somebody to love	사랑할 누군가
places to visit	방문할 장소들
meetings to attend	참석할 회의들
things to do	할 것들

문장 속 to부정사 - 형용사적 용법

I need **time** to think.
나는 필요하다 / 생각할 시간이.

I have some **things** to do.
나는 가지고 있다 / 할 것들을 좀.

Let's get **something** to eat.
먹자 / 먹을 것을.

We have many **places** to visit.
우리는 가지고 있다 / 방문할 많은 장소들을.

③ 응용 연습

somebody to love 사랑할 누군가   **a thing to do** 할 것
a place to visit 방문할 장소   **time to think** 생각할 시간

→ 형용사로 쓰인 to부정사를 복습하고, 아래 문장들을 해석해 보세요.

1. Everybody needs **somebody to love**.

2. I have a **bone to pick*** with you.
   따질 것

3. She has a lot of **things to do** by tomorrow.
   많은

4. The president has several **meetings to attend** today.
   몇몇의

5. There are many **tourist attractions to visit** in Seoul.
   관광지

6. He has **a plan to save** money every month.
   저금하다

7. He **plans to save**** money little by little.
   조금씩

* bone 뼈 + to pick 짚어낼 → 짚어낼 가시 → 누구에게 콕 짚어 따질 것
** 명사처럼 사용되는 to부정사 **DAY 29. 참고**

해석 확인

1. 누구나 **사랑할 누군가**를 필요로 한다.
2. 난 네게 **따질 것**이 있어.
3. 그녀는 내일까지 **할 일**을 많이 갖고 있다.
4. 사장님께는 오늘 **참석하실 회의**가 몇 개 있다.
5. 서울에는 **방문할** 많은 **관광지**가 있다.
6. 그는 매달 **저금할 계획**을 갖고 있다.
7. 그는 조금씩 **저금할 것을 계획한다**.
   [=저금할 계획이다]

 핵심 마무리

분사

형용사처럼 명사의 앞뒤에 오는
동사ing 현재분사 & 동사-ed 과거분사

I like fried chicken.
나는 튀겨진 닭을 좋아한다.

to부정사

형용사처럼 명사 뒤에 오는 to동사, to부정사

I need time to think.
나는 생각할 시간이 필요하다.

명사인 to부정사
'~하기'와 구분!

She has a lot of things to do.
그녀는 할 일들이 많이 있다.

▼ 실전 응용

  Let's visit Grandma together this weekend.
이번 주말에 같이 할머니를 찾아뵙자.

Ugh. Sorry, but I have too many things to do.
윽. 미안하지만 나 할 일이 너무 많아.

DAY 31.
to부정사 Ⅲ

⏰ 1 to 부정사 ③ 동사를 부사로 써먹기

to부정사는 부사로도 쓰일 수 있는데요. 상황에 따라 다양한 방식으로 해석됩니다. 뭐가 뭔지 어떻게 구분해내냐고요? 함께 나오는 동사나 형용사가 큰 힌트가 된답니다!

행동	목적의 to부정사		기분	원인의 to부정사
I waited	to meet you.	vs.	I am glad	to meet you.
기다렸다	너를 만나려고		기쁘다	너를 만나서

왕기초 해석법

하려고 하는 **목적**

대부분의 동사는 의도나 목적이 있는 행동입니다. 때문에 to부정사가 같이 나오면 '~하려고, ~하기 위해서' 동사한다로 해석됩니다. 가장 자주 사용되는 의미입니다.

> **I waited to meet you.** 너를 만나려고 기다렸다.

하고 **난 결과, 기분의 원인**

의도나 목적 없이 '일어나는' 일도 있습니다(happen 일어나다, grow up 자라나다). 이땐 to부정사도 '(하고 나니) ~하게 됐다'로 해석됩니다. glad, sad처럼 기분을 나타내는 형용사와 함께 나온 to부정사는 '~해서'라고 해석됩니다.

> **He grew up to be a doctor.**
> 자라나서 의사가 되었다.

핵심 TIP

This box is **too heavy to carry**. 들고 다니기에 너무 무거운
The team is **good enough to win**. 승리하기에 충분히 뛰어난

≫ too, enough를 수식하면 '~하기에'

② 해석은 이렇게

부사로 쓰이는 to부정사 확인하기

go to help	돕기 위해 **가다**
meet him to explain	설명하기 위해 **그를 만나다**
be happy to see	보게 되어 **기쁘다**
grow up to be a star	자라서 **스타가 되다**
wait to talk	이야기하려 **기다리다**
be sorry to make you wait	기다리게 해서 **죄송하다**

문장 속 to부정사 - 부사적 용법

She **went** to help him.
그녀는 갔다 / 그를 도우려.

I **met him** to explain the problem.
나는 그를 만났다 / 그 문제를 설명하기 위해.

We are **happy** to see you.
우리는 기쁘다 / 당신을 보게 되어.

He **grew up** to be a star.
그는 자라서 / 스타가 되었다.

③ 응용 연습

wait to meet 만나려고 기다리다	**grow up to be a star** 자라서 스타가 되다
sad to hear 들어서 슬프다	**too good to be true** 사실이라기엔 너무 좋은

→ to부정사의 해석을 복습하고, 아래의 문장들을 해석해보세요.

1. I **waited to talk** to him in person.
   직접 만나서

2. I **visited** my grandmother **to bring** her some food.
   할머니

3. I **bought** tickets **to see** my favorite singer.
   가장 좋아하는

4. I was **sad to hear** the news.
   소식

5. I am **sorry to make** you wait.

6. This problem is **too** difficult **to solve**.
   해결하다

7. He is smart **enough to get** the job.

※ in order to와 so as to도 '~하기 위해서'로 해석해요.

▼
해석 확인

1. 나는 그에게 직접 만나서 **이야기하려고 기다렸다**.
2. 나는 음식을 좀 **가져다 드리려고** 할머니를 찾아뵈었다.
3. 나는 내가 가장 좋아하는 가수를 보기 위해 티켓을 샀다.
4. 그 소식을 듣게 되어 슬펐다.
5. 당신을 기다리게 해서 **죄송합니다**.
6. 이 문제는 **해결하기에는 너무** 어렵다.
7. 그는 그 일자리를 **얻기에 충분히** 똑똑하다.

④ 핵심 마무리

to부정사 - 목적

의도나 목적이 있는 동사와 쓰여, '~하려고, ~하기 위해서' 동사한다로 해석

I waited to meet him.
나는 그를 만나려고 기다렸다.

to부정사 - 원인, 결과

원인 = '~해서 (어떤 기분이다)'
결과 = '(하고 나니) ~하게 됐다'

We are glad to see you.
당신을 보게 되어 기쁩니다.

He grew up to be a doctor.
그는 자라서 의사가 되었다.

▼ 실전 응용

I visited this store to buy headphones.
But, I happened to get a pair for free!
나 헤드폰 사려고 이 가게에 갔었는데. (우연히) 공짜로 하나 얻게 되었어!

Wow, you must be happy to get them.
우와, 그거 갖게 되어서 너 행복하겠구나.

이것만은 꼭!

V 준동사의 활용
동사로 만든 명사, 형용사, 부사

동명사 = 동사로 만든 '명사'

동사를 '~하기, ~하는 것'이라는 뜻의 명사로 만든 것이 동명사인데요. 'learn 배우다'라는 동사를 활용해서 'learning 배우기, 배우는 것'이라는 동명사를 만드는 것이 한 예이죠. 동명사는 명사와 같이 문장에서 주어, 목적어, 보어, 전치사의 목적어로 사용될 수 있습니다.

> **Learning a language always involves using it.**
> ▶ 언어를 배우는 것은 언제나 그것을 사용하는 것을 수반한다.
>
> **Playing music is like telling a story.**
> ▶ 음악을 연주한다는 것은 이야기를 해주는 것과 비슷하다.

분사 = 동사로 만든 '형용사'

동사를 '~하는 / ~되는'이라는 뜻의 형용사로 만든 것이 분사인데요. 'singing 노래하는'과 같이 '~하는'이라는 능동 혹은 진행의 뜻이 있는 분사를 현재분사라고 하고, 'fried 튀겨진'과 같이 수동 혹은 완료의 뜻이 있는 분사를 과거분사라고 합니다. 분사는 형용사와 같이, 문장에서 명사를 수식하거나 보어로 사용될 수 있습니다.

> **Do you see the bird singing?**
> ▶ 저 노래하는 새가 보이니?
>
> **He loves fried chicken.**
> ▶ 그는 튀긴 닭(=프라이드치킨)을 좋아해.

to부정사 = 동사로 만든 '명사, 형용사, 부사'

to부정사는 다양한 품사로 사용되는데요. 일단 명사로 사용될 수 있습니다. 다만, 동명사와는 다르게 전치사의 목적어로는 쓰이지 않는데요. 'to'가 이미 전치사에서 유래했기 때문입니다. 또, 목적어로 사용되었을 때 '미래 지향적'인 뉘앙스를 갖게 된다는 점에서도 동명사와 차이가 있습니다.

Don't forget to lock the door!
▶ 문 잠그는 거 잊지마!

I forgot already locking the door.
▶ 이미 문 잠근 걸 잊어버렸네.

to부정사는 명사를 수식하는 형용사로 사용되기도 합니다. 이때는 명사의 뒤에서 수식하니 위치에 유의해야 합니다.

Do you have something to eat?
▶ 너 먹을 거 좀 있니?

to부정사가 부사로 사용될 때엔 함께 나온 서술어에 따라 다양하게 해석되는데요. 다음의 네 가지가 가장 대표적입니다.

I waited to meet you. ['의도'가 있는 서술어 + 목적]
▶ 당신을 만나려고 기다렸습니다.

He grew up to be nothing. [의도 없이 '일어나는' 서술어 + 결과]
▶ 그는 자라서 아무것도 되지 못했다.

We are glad to hear from you. ['기분'을 나타내는 서술어 + 원인]
▶ 당신으로부터 연락을 받게 되어 기쁩니다.

This box is too heavy to carry. [형용사·부사 수식]
▶ 이 상자는 나르기엔 너무 무거워요.

Chapter 3.
한눈에 쏙!
챕터 리뷰

1 2, 4, 5형식 문장 이해하기

2형식

주어 + 2형식 동사 + 보어

I am Michael.
나는 ~이다 마이클

- 상태: be동사
- 변화: become 동사
- 유지: remain 동사
- 감각: feel 동사

- She **was promoted**. ≫ 수동태 = be, become동사 + 과거분사
  그녀는 승진됐다.

4형식

수여동사 + 간접 목적어 + 직접 목적어

Give me a beer!
줘 나에게 맥주를

5형식

주어 + 5형식 동사 + 목적어 + 보어

She makes me smile.
그녀는 하게 한다 나를 미소 짓게

- 사역
  - 동사하게 하다
  - 어떠하게 되게 하다
- 지각&판단
  - 동사하는 것을 보다
  - 어떠하다고 여기다

2 동사로 만든 명사, 동명사

✧ 체크 포인트

동명사(동사+ing) ~하기, ~하는 것

I like singing.
나는 노래하는 것을 좋아한다.

3 동사로 만든 형용사, 분사

✧ 체크 포인트

현재분사(동사+ing) ~하는, ~하고 있는
과거분사(동사+ed) ~된, ~하게 된, ~해진

a bird singing vs. **fried chicken**
노래하고 있는 새   튀겨진 닭

4 동사로 만든 to부정사

✧ 체크 포인트

명사 ~하기, ~하는 것   형용사 ~할, ~해야 할
부사 ~하려고(목적), ~하게 됐다(결과), ~해서(기분의 원인)

I want to buy something to eat.
나는 먹을 것을 사기를 원한다.

I waited to meet you.
나는 너를 만나기 위해 기다렸다.

매일 10분
왕기초 영문법의 기적

Chapter 4.

접속사로 이어진 문장 이해하기

 복문

등위 접속사

너와 나
You and I

단어/구/문장 + 접속사 + 단어/구/문장

종속 접속사

나는 믿는다 그가 나를 좋아한다는 것을
I believe that he likes me.

한 소녀 너를 좋아하는
a girl who likes you

내가 커피를 마실 때
when I drink coffee

접속사 + 문장 = 명사, 형용사, 부사

DAY 32.
명사접속사 I

① 명사절① 문장처럼 긴 명사

'나는 날 수 있다!'를 영작하면? I can fly! 쉽죠? 그렇다면 '내가 날 수 있다는 것을 믿는다'를 영작하면……? '내가 날 수 있다는 것'이라는 긴 명사, 영어로는 과연 어떻게 만들까요?

　　　　　　　　명사접속사 → 목적어인 명사절
I believe **that I can fly.**
나는　믿는다　　내가 날 수 있다는 것을

왕기초
해석법

날 수 있다는 걸

that이 붙은 명사절, ~하다는 것

문장 앞에 **that**을 붙이면 '**~하다는 것**', '**~라고**'로 해석됩니다. that이 붙은 이 문장은 **명사 자리**[주어, 목적어, 보어 자리]에 올 수 있습니다. 문장처럼 긴 이 명사를 **명사절**이라 합니다.

that I can fly 내가 날 수 있다는 것

날 수 있을지

whether/if가 붙은 명사절, ~인지 아닌지

문장 앞에 **whether**나 **if**를 붙이면 '**~인지 (아닌지)**'라고 해석 되는데요. 이런 문장들 역시 **명사 자리**[주어, 목적어, 보어 자리]에 올 수 있게 됩니다.

whether/if I can fly 내가 날 수 있는지 아닌지

핵심
TIP

I don't know ┌ **whether or not** I can fly.
　　　　　　 └ **if** I can fly **or not**.
내가 날 수 있는지 아닌지를 알지 못한다.

>> '~인지 아닌지'의 의미 때문에 or not도 나와요!

② 해석은 이렇게

that vs. whether/if 확인하기

that I can fly	내가 날 수 있다는 것
that she likes you	그녀가 널 좋아한다는 것
if you are interested	당신이 관심이 있는지
if she likes you	그녀가 널 좋아하는지
whether we should leave	우리가 떠나야 하는지
whether we should let her go	우리가 그녀를 내보내야 할지

문장 속 that vs. whether/if

I believe **that** I can fly.
나는 믿는다 / 내가 날 수 있다는 것을.

I think **(that)** they should leave.
나는 생각한다 / 그들이 떠나야 한다고.

Ask her **if** she likes you!
그녀에게 물어봐라 / 그녀가 너를 좋아하는지!

Let's discuss **whether** we will let her go.
논의해보자 / 우리가 그녀를 보내줄지(=내보낼지).

③ 응용 연습

| that ~하다는 것, ~라고 | whether/if ~인지 (아닌지) |

| discuss 논의하다 | decide 결정하다 | find 알게 되다, 발견하다 |

➔ 위의 명사접속사와 동사들을 복습하고, 아래 문장들을 해석해보세요.

---

1. I think* **I heard him crying**.

2. She asked me **if he likes her**.

3. I want to know **if you are interested**.
   관심이 있는

4. He believes **that she likes him**.

5. They discussed** **whether they should leave or not**.
   논의하다

6. You should decide **whether you will let her go**.
   결정하다

7. I found **that cooking could be fun**.
   요리하는 것

---

* that이 생략될 수도 있어요!
** whether ~ or not도 가능해요!

해석 확인

1. 나는 그가 울고 있는 것을 들었다고 생각한다. [=들은 것 같은데]
2. 그녀는 내게 그가 그녀를 좋아하는지 물었다.
3. 저는 당신께서 관심이 있으신지 알고 싶습니다.
4. 그는 그녀가 그를 좋아한다고 믿는다.
5. 그들은 그들이 떠나야 할지 말아야 할지를 논의했다.
6. 너는 그녀를 보내줄 것인지[=내보낼지] 결정해야 한다.
7. 나는 요리하는 것이 재미있을 수도 있다는 것을 알게 되었다.

④ 핵심 마무리

명사접속사 that

명사절 앞에 와서 '~하다는 것', '~라고'로 해석되는 명사접속사

I believe that I can fly.
나는 내가 날 수 있다고 믿어.

I think she should leave.
나는 그녀가 떠나야 한다고 생각해.

that은 생략 가능!

명사접속사 whether/if

명사절 앞에 와서 '~인지 (아닌지)'로 해석되는 명사접속사

Ask her if she likes you.
그녀가 너를 좋아하는지 물어봐.

Decide whether or not you will let her go.
그녀를 내보낼지 말지 결정해라.

or not이 붙기도 해요!

실전 응용

Let's discuss whether we will let her go or not.
그녀를 내보낼지 말지 논의합시다.

I think (that) she should leave.
저는 그녀가 떠나야 한다고 생각합니다.

DAY 33.
명사접속사 II

① 명사절② 문장처럼 긴 명사

that과 whether/if 이외에도, 명사절을 만들 수 있는 명사접속사는 다양합니다. 하지만 걱정 마세요! 모두 '~는지'로 해석되는 wh- 의문사랍니다!

명사접속사 → 목적어인 명사절

I know **who you are**.
나는 안다 네가 누구인지를.

왕기초 해석법

다양한 **의문사** 명사절, **~는지**

who(누구), when(언제), where(어디서) 등을 **의문사**(=질문하는 말)라고 부르는데요. 의문사로 시작하는 명사절은 **의문사 뒤를 먼저 해석**한 다음에 '의문사 + ~는지'를 붙입니다.

who 누구 + **you are** 네가 ~이다 = 네가 누구인지

what으로 시작하는 명사절, **~는 것**

의문사 중 what(무엇)으로 시작하는 명사절은 **what의 뒤를 먼저 해석**한 다음에 ~**하는 것**을 붙이면 더 자연스럽게 해석됩니다.

what 무엇 + **I want** 내가 원한다 = 내가 원하는 것

핵심 TIP

- **when to go** 언제 갈지
- **how to use** 어떻게 쓸지

≫ 의문사 + to부정사 = 의문사 + ~할지

 해석은 이렇게

의문사로 시작하는 명사절 확인하기

who you are[*]	네가 *누구인지
what you did	네가 한 것
where you are from	네가 어디서 왔는지
when to stop^{**}	언제 멈춰야 **할지
what you want	네가 원하는 것
how to use it	그것을 어떻게 쓰는지

* whom = 누구를 ~는지
** to부정사의 미래의 뉘앙스 때문에, '~할지'로 해석합니다.

문장 속 의문사 명사절

I don't care **who** you are.
나는 신경 쓰지 않는다 / 네가 누구인지.

Do you know **how** to use this computer?
너는 아니 / 이 컴퓨터를 어떻게 쓰는지?

He knows **what** you did for him.
그는 안다 / 네가 그를 위해 한 것을.

I can give you **what** you want.
나는 너에게 줄 수 있다 / 네가 원하는 것을.

③ 응용 연습

| what 무엇이/무엇을 ~인지 | who 누가/누구를 ~인지 |
| when 언제 ~인지 | why 왜 ~인지 | where 어디에서 ~인지 |

→ 위의 의문사들을 복습하고, 아래 문장들을 해석해보세요.

---

1. I know **what** you did last summer.
   지난

---

2. He doesn't know **when** he should stop!

---

3. Let's discuss **where** we should meet.
   논의하다

---

4. The president asked **why** nobody was there.
   아무도 (~하지 않다)

---

5. My father doesn't know **how** to use this computer.

---

6. She can give you **whatever*** you really want.
   무엇이든지

---

7. I don't care **who** you are, **where** you are from, or
   ~에서 왔다(=~ 출신이다)
   what you did.

* 의문사 + ever = ~든지

해석 확인

1. 나는 **네가 지난여름에 한 것을** 알고 있다.
2. 그는 **언제 멈춰야 할지를** 몰라!
   [=끝이 없다, 끝을 모른다]
3. **우리가 어디서 만날지** 논의해보자.
4. 사장님께서는 **왜 거기에 아무도 없었는지** 물으셨다.
5. 우리 아버지는 **이 컴퓨터를 어떻게 쓰는지** 모르신다.
6. 그녀는 너에게 **네가 진정으로 원하는 건 무엇이든지** 줄 수 있다.
7. 나는 **네가 누구인지, 어디 출신인지, 혹은 무엇을 했는지** 신경 쓰지 않는다.

④ 핵심 마무리

의문사 명사접속사

> who, when, where 등이 명사절 앞에 올 땐 '의문사 + ~는지'로 해석!

I don't care who you are.
나는 네가 누구인지 신경 쓰지 않아.

I know when to stop.
나는 언제 멈춰야 할지 알아.

to부정사나 -ever가 붙기도 해요!

명사접속사 what

> what(무엇)이 명사절 앞에 올 땐 '무엇 + ~는지', 혹은 '~는 것'으로 해석!

I know what you did last summer.
나는 네가 지난여름에 한 것을 알고 있다.

I can give you whatever you really want.
나는 네가 정말로 원하는 것은 무엇이든지 줄 수 있어.

실전 응용

You should check where he is from.
그가 어디 출신인지 확인해 보셔야 해요.

I don't care. I only care what he can do.
관심 없어. 나는 그가 할 수 있는 것(=무엇을 할 수 있는지)만 신경 쓰네.

DAY 34.
형용사접속사(=관계사) I

① 형용사절① 문장처럼 긴 형용사

'한 소녀가 널 좋아해!'를 영작하면? A girl likes you! 쉽다고요? 그럼 '널 좋아하는 한 소녀'를 영작하면……? 쉽지 않죠? "널 좋아하는"이라는 긴 형용사, 영어로는 과연 어떻게 만들까요?

A girl likes you. » A girl **who** likes you
한 소녀가 너를 좋아한다.   한 소녀   너를 좋아하는 (관계사)

왕기초 해석법

소녀

↓

너를 좋아하는 소녀

관계사를 붙이면 ~하는

명사 뒤의 **형용사절**은 **형용사접속사**로 시작하는데요. 형용사접속사를 관계사(who, which, that…)라고 부릅니다. **관계사 뒤를 해석한 뒤 ~하는을 붙여 해석하면 됩니다.**

a girl who(m) you like 네가 좋아하는 한 소녀

선행사에 따른 다양한 관계사

형용사절에서 명사 역할을 하면 관계대명사, 부사 역할을 하면 관계부사라고 하는데요. 앞에 오는 **명사(=선행사)**에 따라 **다른 종류의 관계사**를 사용하는 것이 중요합니다.

the town where I grew up 내가 자란 그 마을

핵심 TIP

관계대명사	관계부사
누구[=사람] + who(m)	때[시간] + when 방법 + how
것[≠사람] + which	곳[장소] + where 이유 + why

» that은 언제나 사용 가능!

② 해석은 이렇게

다양한 관계사 확인하기

a girl **who** likes you [*]	너를 좋아하는 한 소녀
a company **which** makes cars	자동차를 만드는 한 회사
a car **which** he used [**]	그가 사용했던 차
a reason **why** you can't go [***]	네가 갈 수 없는 이유
the town **where** I grew up	내가 자란 마을
the day **when** we first met	우리가 처음 만났던 날

[*] 형용사절의 주어 = 주격 관계대명사 / [**] 형용사절의 목적어 = 목적격 관계대명사
[***] 형용사절의 부사 = 관계부사

문장 속 다양한 관계사

I know a **girl who** likes you.
나는 안다 / 너를 좋아하는 한 소녀를.

This is the **town where** I grew up.
이곳은 / 내가 자란 마을이다.

They work for a **company which** makes cars.
그들은 일한다 / 자동차를 만드는 한 회사에서.

That was the **day when** we first met.
그날은 / 우리가 처음 만난 날이었다.

③ 응용 연습

| 누구[사람] + who(m) | 것[≠사람] + which |
| 때[시간] + when | 곳[장소] + where | 방법 + how | 이유 + why |

→ 위의 관계사들을 복습하고, 아래의 문장들을 해석해 보세요.

1. I am the **girl who** has always loved you!

2. This is the **company where** I have worked for the past 10 years.
   지난

3. We want a **room which** has a nice ocean view.
   전망

4. Do you remember the **day** *(**when**)* we first met?

5. Here is the **money (which)** I borrowed last time.
   빌렸던

6. You are the **only one** **that** I trust.
   믿다

7. Give me **one good reason why** you can't go.
   이유

* 관계사는 생략되기도 해요!
** 관계사 that도 쓸 수 있어요!

해석 확인

1. 제가 당신을 항상 사랑해 왔**던** 그 **소녀**예요!
2. 이곳이 내가 지난 10년 간 일해 왔**던** 그 **회사**이다.
3. 우리는 좋은 바다 전망을 가**진 방**을 하나 원해요.
4. 우리가 처음 만**난 날**을 기억하니?
5. 여기 내가 지난번 **빌린 돈**이야.
6. 넌 내가 믿**는 단 한 사람**이야.
7. 네가 갈 수 없는 **타당한 이유**를 하나라도 대봐.

④ 핵심 마무리

관계사

종류에 관계없이 모두
'(관계사 뒤의 내용) + 하는' 으로 해석

관계대명사

I know a girl who likes you.
나는 너를 좋아하는 한 소녀를 안다.

We want a room which has a nice ocean view.
우리는 좋은 바다 전망을 가진 방을 하나 원해요.

관계부사

This is the town where Pablo Picasso grew up.
이곳은 파블로 피카소가 자란 마을이다.

That was the day when we first met each other.
그날은 우리가 서로를 처음 만난 날이었다.

실전 응용

Do you remember the day when we first met?
우리가 처음 만난 날을 기억하니?

Of course! I also remember the place where we had our first date.
물론이지! 난 우리가 첫 데이트를 했던 장소 또한 기억해.

DAY 35.
형용사접속사(=관계사) Ⅱ

① 형용사절② 문장처럼 긴 형용사

관계사는 다양한 모습으로 나타날 수 있는데요. 관계사 앞에 전치사가 붙기도 하고요(in which, for which, among which…). 관계사 who에 소유격 's가 더해져 whose가 되기도 합니다.

the house **in which** I live
집   그 안에 내가 사는

(전치사 + 관계대명사)

전치사 + 관계사는 그 전치사 + ~하는

관계사는 전부 ~하는을 붙여 해석했는데요. 관계대명사 앞에 **전치사가 올 때는 그 전치사 + ~하는으로 해석**합니다.

the house in which I live 그 안에 내가 사는 집

whose + 명사는 그 명사 + ~하는

whose는 who에 소유격 's를 붙여 만든 것인데요. **뒤에 항상 명사가 나옵니다.** 관계사 whose + 명사로 시작하는 형용사절은 **그 명사 + ~하는으로 해석**합니다.

a house whose rent is cheap 그 집세가 싼 집

He bought me a laptop, which I am using now.
그는 내게 노트북을 사줬다, 그런데 그것을 내가 지금 쓰고 있다.

>> 콤마(,) + 관계사 = '그런데 그'를 붙여 해석!

② 해석은 이렇게

다양한 모습의 관계사 확인하기

the town **in which** he grew up	그 안에 그가 자랐던 마을
the knife **with which** she killed him	그것을 가지고 그녀가 그를 죽였던 칼
people, **among which** there was Bill Gates	사람들, 그런데 그 중에 빌 게이츠가 있던
an office **whose rent** is cheap	그 집세가 저렴한 사무실
a guy **whose name** is Sherlock Holmes	그 이름이 셜록 홈즈인 남자
a room **whose view** is nice	그 전망이 좋은 방

문장 속 다양한 모습의 관계사

Let's visit the town **in which** Lincoln grew up.
마을을 방문하자 / 그 안에서 링컨이 자랐던.

This is the knife **with which** she killed him.
이것은 칼이다 / 그것을 가지고 그녀가 그를 죽였던.

We need an office **whose rent** is cheap.
우리는 사무실이 필요하다 / 그 임대료가 저렴한.

I met a guy **whose name** was Sherlock Holmes.
나는 한 남자를 만났다 / 그 이름이 셜록 홈즈인.

③ 응용 연습

among 그 중에	with 그것을 가지고	in 그 안에서
of 그 중의 ~이	during 그 동안에	

+ 관계사 ~하는

→ 다양한 전치사 + 관계사 조합을 공부하고, 아래의 문장들을 해석해 보세요.

1. We got a room **whose view** was quite nice.

2. They wrote a book, **whose sales** are rising fast.
   판매량   증가하는

3. He recommended me many books, *** five of which**
   추천했다
   were novels.

4. I've met many businessmen, **among which** there
   사업가
   was Bill Gates.

5. My dad bought me a laptop, **with which** I am
   노트북 컴퓨터
   playing games.

6. Age 1 to 4 is the period **during which** children
   시기
   learn language very fast.

* 콤마(,) + 명사 of 관계사는 '그런데 그 중의 명사 ~'라고 해석해요.

해석 확인

1. 우리는 **그 전망이** 꽤 좋은 방을 구했다.
2. 그들은 책 한 권을 썼다, **그런데 그 판매량**이 빠르게 오르고 있다.
3. 그는 나에게 많은 책을 추천해줬다, **그런데 그 중의 다섯 권**은 소설이다.
4. 나는 많은 사업가들을 만나왔다, **그런데 그 중에는** 빌 게이츠가 있었다.
5. 아빠가 나에게 노트북 컴퓨터 하나를 사주셨다, **그런데 그것으로** 나는 게임을 하고 있다.
6. 한 살에서 네 살은 **그 동안** 아이들이 언어를 매우 빠르게 배우는 시기이다.

핵심 마무리

전치사 + 관계사

전치사 + 관계사 = '그 전치사 + ~하는'

Let's visit the town in which Lincoln grew up.
그 안에서 링컨이 자랐던 마을을 방문하자.

> 콤마(,)가 앞에 오면 '그런데 그~'

My dad bought me a laptop, with which I am playing games.
아빠가 나에게 노트북 컴퓨터 하나를 사주셨다, 그런데 그것으로 나는 게임을 하고 있다.

whose

whose + 명사 = '그 명사 + ~하는'

> whose 뒤에는 꼭 명사!

We got a room whose view was quite nice.
우리는 그 전망이 꽤 좋은 방을 구했다.

▼ 실전 응용

How was your trip to China? 중국 여행 어땠어?

It was good. We had a room whose view was quite nice.
좋았어. 우리는 그 전망이 꽤 좋은 방에 묵었어.

DAY 36.
부사접속사 I

① 부사절① 문장처럼 긴 부사

'커피를 마신다'는 영어로? I drink coffee! 쉽죠? 그러면 '커피를 마실 때'는 영어로 뭘까요? '커피를 마시기 전에', '커피를 마시는 동안에'는? 다양한 의미의 부사접속사로 한 번 해결해봅시다!

부사접속사
when I feel sleepy » 내가 졸리다고 느낄 때

다양한 의미의 부사접속사

부사절은 부사접속사로 시작하는데요. '~할 때[when], ~하기 전에[before], ~하는 동안에[while]' 등 다양한 의미를 지닙니다. 부사절은 완전한 문장에 더해지는 긴 부사입니다.

I drink coffee + **when I feel sleepy**.
나는 커피를 마신다 + 졸리다고 느낄 때.

접속사 같은 부사, 접속부사

접속부사도 '그 다음[then], 그렇다 해도[nevertheless], 하지만[however]' 등 다양한 의미를 지닙니다. 접속부사는 완전한 문장 안에서 **하나의 부사**로 쓰입니다.

Still, **I feel sleepy**.
그럼에도 불구하고, 나는 졸리다고 느낀다.

- **as** ~할 때, ~이므로, ~같이, ~함에 따라
- **while** ~하는 동안에, ~한 반면에
- **since** ~한 이래로, ~때문에 » 다양하게 해석되는 접속사에 주의!

❷ 해석은 이렇게

부사접속사와 접속부사 확인하기

when I was young	내가 어렸을 때
before you leave	네가 떠나기 전에
while he sleeps	그가 자고 있는 동안에
Then,* put it on the bread.	그 다음, 그것을 빵 위에 놓아라.
However,* I got lost.	하지만, 난 길을 잃었다.
Still,* I need more.	그럼에도 불구하고, 난 더 많이 필요하다.

* 접속부사는 보통 콤마와 함께 쓰여요!

문장 속 부사접속사와 접속부사

I lived in China **when** I was young.
나는 중국에 살았다 / 내가 어렸을 때.

Please call me **before** you leave.
내게 전화주세요 / 당신이 떠나기 전에.

Slice some cheese. **Then,** put it on the bread.
치즈를 좀 잘라라. / 그 다음, 그것을 빵 위에 놓아라.

I had a map. **However,** I got lost.
나는 지도를 갖고 있었다. / 하지만, 나는 길을 잃었다.

③ 응용 연습

| while ~하는 동안 | also 또한 | therefore 그러므로 |

| nevertheless 그럼에도 불구하고 | although 비록 ~일지라도 |

→ 다양한 부사접속사와 접속부사를 학습하고, 아래 문장들을 해석해 보세요.

1. He snores **while he sleeps**.
   코를 골다

2. **Although he was tired**, he kept walking.

3. **Since I talked too much**, I'll just end this class.

4. My mother was humming **as she gardened**.
   콧노래를 부르는   정원 일을 하다

5. She won the lottery. **Nevertheless, she kept calm**.
   복권

6. The economy went down. People,* **therefore,**
   침체됐다
   consumed less.
   소비했다

7. Sit still. **Also, be quiet during the show**.
   가만히

* 접속부사는 문장 중간에 쓰기도 해요.

해석 확인

1. 그는 **자는 동안** 코를 곤다.
2. **비록 피곤했지만**, 그는 계속 걸었다.
3. **제가 말을 너무 많이 했으니**, 이만 수업을 끝내도록 하죠.
4. 어머니는 **정원 일을 하시면서** 콧노래를 부르고 계셨다.
5. 그녀는 복권에 당첨됐다. **그럼에도 불구하고, 그녀는 계속 침착했다**.
6. 경기가 침체됐다. 사람들은, **그러므로**, 덜 소비했다.
7. 가만히 앉아있어라. **또한, 공연 중에는 조용히 해라**.

핵심 마무리

부사접속사
완전한 문장에 연결된 긴 부사절의 시작점

I drink coffee when I feel really sleepy.
나는 정말 졸리다고 느낄 때 커피를 마신다.

Although he was tired, he kept walking.
비록 피곤했지만, 그는 계속 걸었다.

접속부사
완전한 문장 속, 접속사 같은 하나의 부사

Still, I feel sleepy.
그럼에도 불구하고, 나는 졸리다고 느낀다.

▼ 실전 응용

 I drink coffee when I feel sleepy.
난 졸릴 때 커피를 마셔.

Me too. 나도 그래.
Still, I feel sleepy.
그럼에도 불구하고, 나는 졸리다고 느껴.

DAY 37.
부사접속사 Ⅱ

① 부사절② 문장처럼 긴 부사

난데없이 -ing, -ed로 시작하는 문장! 동명사로도 분사로도 해석이 안 된다고요? 걱정 마세요! 알고 보면 그저 짧은 부사절이랍니다. 분사로 만든 부사절, '분사구문'을 배워 봅시다.

분사구문
Leaving the office, I locked the door.
사무실을 떠날 때,   나는 문을 잠갔다.

왕기초 해석법

문장처럼 긴 부사, 부사절

부사절은 부사접속사로 시작하는데요. '~할 때[when], ~하기 전에[before], ~하는 동안에[while]' 등 다양한 의미를 지닙니다. 부사절은 완전한 문장에 더해지는 긴 부사입니다.

When I left the office,
내가 사무실을 떠날 때,

분사로 만든 부사절, 분사구문

현재분사와 과거분사로 시작하는 짧은 부사절을 분사구문이라고 하는데요. 생략된 부사접속사나 주어를 맥락에 알맞게 '눈치껏' 추측해내어 해석합니다.

Leaving the office,
사무실을 떠나며,

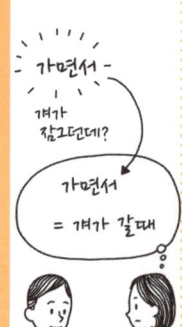

핵심 TIP

<u>When the last person leaves</u> the office, ~
<u>The last person leaving</u> the office, ~ ≫ 접속사만 생략 가능
<u>When leaving</u> the office, ~ ≫ 주어만 생략 가능

해석은 이렇게

부사절과 분사구문 확인하기

When he drove his car, ~	그가 그의 자동차를 운전할 때, ~
Driving his car, ~	(그가) 그의 자동차를 운전하면서, ~
Before they finish the meal, ~	그들이 식사를 마치기 전에, ~
Before finishing the meal, ~	(그들이) 식사를 마치기 전에, ~
While we were watching TV, ~	우리가 TV를 보고 있던 중에, ~
Watching TV, ~	(우리가) TV를 보던 중에, ~

문장 속 부사절과 분사구문

I eat popcorn **when I watch movies**.
나는 팝콘을 먹는다 / 내가 영화를 볼 때.

Watching movies, I eat popcorn.
영화를 볼 때, / 나는 팝콘을 먹는다.

Don't move **until you are permitted**.
움직이지 마라 / 네가 허가 받을 때까지.

Don't move **until permitted**.*
움직이지 마라 / 허가 받을 때까지.

* 분사구문은 과거분사로도 만들 수 있어요!

③ 응용 연습

| as ~하는 동안에, ~한 듯이 | since ~한 이후로, ~하기 때문에 |

| although 아무리 ~할지라도 | when ~할 때 | while ~하는 동안에 |

→ 다양한 부사접속사를 학습하고, 아래 문장들을 해석해 보세요.

---

1. **Hearing the news***, she became sad.

---

2. **While exercising**, I listen to music.

---

3. **Although he practiced**, he can't drive well.
   연습했다

---

4. **Being interested**, I joined this club.
   가입했다

---

5. **As expected**, it started to rain.
   예상했다

---

6. Don't use smartphones **while driving**.

---

7. I have gained weight **since taking** this pill.
   체중이 늘었다

* 분사구문이 문장의 앞에 오면, 콤마(,)가 자주 와요!

해석 확인

1. 그 소식을 듣고, 그녀는 슬퍼졌다.
2. **운동을 하는 동안**, 나는 음악을 듣는다.
3. 그가 **연습하긴 했지만**, 그는 운전을 잘 하지 못한다.
4. **관심이 있어서**, 나는 이 동호회에 가입했다.
5. **예상됐던 것처럼**, 비가 내리기 시작했다.
6. **운전 중에는** 스마트폰을 사용하지 마라.
7. 나는 **이 약을 먹은 이후로** 체중이 늘었다.

④ 핵심 마무리

부사절
> 부사접속사로 시작하는 '긴 부사'

(Since, although, as 등도 있어요!)

- **When** he drove his car, ~
  그가 그의 자동차를 운전할 때, ~
- **While** we were watching TV, ~
  우리가 TV를 보고 있던 동안에, ~

분사구문
> 접속사나 주어를 생략해 분사로 시작하는 '짧은 부사절'

- **Driving** his car, ~ 그의 차를 운전하면서, ~
- **Watching** TV, ~ TV를 보며, ~

▼ 실전 응용

I heard you're on a diet. 너 다이어트 한다며.

I gave up. 포기했어.

Watching TV, I ate a pint of ice cream.
TV를 보면서 아이스크림 1 파인트를 먹었지 뭐야.

DAY 38.
등위접속사와 상관접속사

① and, but, or로 끝내는 등위접속사

종종 노래 가사에 보이는 U & I. 사실 'You and I 너와 나'라는 거, 알고 계셨죠? 따로따로인 '너', '나'를 '너와 나'로 묶어주는 등위접속사! and, but, or만 알면 쓸 수 있습니다.

You and I
너 와 나

등위접속사는 and, but, or

and, but, or는 ~와 ~, ~지만 ~, ~ 또는 ~ 등으로 해석되는데요. 단어와 단어, 구와 구, 문장과 문장을 이어줍니다. **같은 종류의 말들을 연결한다고 해서 등위접속사라고 부릅니다.**

tasty but too salty 맛있지만 너무 짠

등위접속사 +α, 상관접속사

등위접속사 앞에 either(어느 한 쪽), both(양쪽 다), not only(~뿐 아니라) 등이 더해지기도 하는데요. and, but, or 중 하나와 짝지어져 쓰이기 때문에 **상관접속사**라고 부릅니다.

either you or I 너 또는 나 어느 한 쪽

both A **and** B
A와 B 모두

not A **but** B
A가 아니라 B

either A **or** B
A 또는 B 어느 한 쪽

》 자주 쓰이는 상관접속사

not only A **but also** B
A뿐만 아니라 B도(= B as well as A)

neither A **nor** B
A도 아니고 B도 아닌

 **해석은 이렇게**

등위접속사 & 상관접속사 확인하기

you and I	너와 나
pretty but expensive	예쁘지만 비싼
walk or run	걷거나 뛰다
both Mom and Dad	엄마와 아빠 모두
not upset but angry	속상한 게 아니라 화가 난
either rain or snow	비가 오거나 또는 눈이 오다

문장 속 등위접속사 & 상관접속사

It is **pretty but expensive**.
이것은 예쁘지만 / 비싸다.

Do not **walk or run** on the escalator.
걷거나 뛰지 마세요 / 에스컬레이터에서.

She is **not upset but angry**.
그녀는 속상한 게 아니라 / 화가 났다.

It will **either rain or snow**.
(날씨가) 비가 오거나 / 또는 눈이 올 것이다.

③ 응용 연습

both A and B	neither A nor B
A와 B 모두	A도 아니고 B도 아닌

not only A but also B	either A or B
A 뿐만 아니라 B도 (=B as well as A)	A 또는 B 어느 한 쪽

→ 등위접속사와 상관접속사를 복습하고, 아래 문장들을 해석해 보세요.

1. You can take **a bus or the subway**.
   지하철

2. **You and I** should clean the office today.

3. **Either cookies or a sandwich** * is enough.

4. **Both human owners and pets** ** are important.

5. We need **vitamin D as well as calcium**.
   칼슘

6. **Neither knives nor batteries** are allowed on board.
   기내에

7. Tofu is **not only tasty, but also healthy**.
   두부

* but이나 or로 연결되면 뒤의 명사에 수일치!
** and로 이으면 무조건 복수로 수일치!

해석 확인

1. 당신은 **버스 또는 지하철**을 탈 수 있다.
2. **너와 나**는 오늘 사무실을 청소해야 한다.
3. **쿠키나 샌드위치 어느 한 쪽**이면 충분하다.
4. **인간 주인과 애완동물 모두** 중요하다.
5. 우리는 **칼슘뿐만 아니라 비타민 D도** 필요하다.
6. 기내에는 **칼도 배터리도** 허용되지 **않습니다**.
7. 두부는 **맛있을 뿐 아니라, 건강에 좋기도** 하다.

④ 핵심 마무리

등위접속사
단어와 단어, 구와 구, 문장과 문장을 잇는 **등위접속사**

- **you and I** 너와 나
- **pretty but expensive** 예쁘지만 비싼
- **walk or run** 걷거나 뛰다

상관접속사
and, but, or에 either, both, not only 등을 더해 만든 **상관접속사**

- **both Mom and Dad**
  엄마와 아빠 모두
- **not upset but angry**
  속상한 게 아니라 화가 난
- **either rain or snow**
  비가 오거나 또는 눈이 오다

▼
실전
응용

Honey, I want **either** this one **or** that one.
자기야, 난 이거나 저거 중 하나가 좋아.

Oh, this is **pretty but expensive**…
오, 이거 예쁘긴 한데 비싸네…

Chapter 4.
한눈에 쏙! 챕터 리뷰

1 등위접속사 vs. 종속접속사

등위접속사

단어·구·문장 + 접속사 + 단어·구·문장

my friends and my family
나의 친구들 그리고 나의 가족

종속접속사

접속사 + 문장 = 명사, 형용사, 부사

I believe that he likes me.
나는 믿는다 ~라고 그가 나를 좋아한다

2 종속접속사 1
명사절 접속사

체크 포인트

| 접속사 | that, if, whether |
| 의문사 | what, who(m), when, where, how 등 |

I believe that he likes me.
나는 그가 나를 좋아한다고 믿는다.

I can give you what you want.
나는 너에게 네가 원하는 것을 줄 수 있다.

3 종속접속사 2
형용사절 접속사

✦ 체크 포인트

관계대명사	which, that, who(m), whose
관계부사	when, where, why, how 등

I know a girl who likes you.
나는 너를 좋아하는 여자애 하나를 안다.

a situation where there is no escape
탈출구가 없는 상황

4 종속접속사 3
부사절 접속사

✦ 체크 포인트

부사절	when, while, because… + 주어 + 동사
분사구문	(접속사) + (주어) + 분사

When she saw me, she ran away.
그녀가 나를 보았을 때, 그녀는 도망갔다.

Seeing me, she ran away.
나를 보자, 그녀는 도망갔다.

빈출순 불규칙 동사 — 1st-55th

	불규칙 동사	과거형	과거분사형
01	**be** (am / are / is) 이다, 있다	was / were 이었다, 있었다	been 이었던, 있었던
02	**have** 가지고 있다	had 가지고 있었다	had 가지고 있어온
03	**do** 하다	did 했다	done 된(=완료된)
04	**say** 말하다	said 말했다	said 말해진
05	**go** 가다	went 갔다	gone 떠나간
06	**get** 얻다, 이르다 등	got 얻었다, 도착했다	got / gotten 얻은, 도착한
07	**make** 만들다	made 만들었다	made 만들어진
08	**know** 알다	knew 알았다	known 알려진
09	**think** 생각하다	thought 생각했다	thought 생각된
10	**take** 잡다	took 잡았다	taken 잡힌
11	**see** 보다	saw 보았다	seen 보이는
12	**come** 오다	came 왔다	come 온
13	**find** 찾다	found 찾았다	found 발견된

	불규칙 동사	과거형	과거분사형
14	**give** 주다	gave 주었다	given 주어진
15	**tell** 말하다	told 말했다	told 언급된
16	**feel** 느끼다	felt 느꼈다	felt 느껴진
17	**become** 되다	became 됐다	become 된
18	**leave** 떠나다, 남기다	left 떠났다, 남기다	left 남겨진
19	**put** 놓다, 두다	put 놓았다, 두었다	put 놓인
20	**mean** 의미하다	meant 의미했다	meant 의도된
21	**keep** 유지하다	kept 유지했다	kept 유지된
22	**let** 하게 하다	let 하게 했다	let 하게 해준
23	**begin** 시작하다	began 시작했다	begun 시작된
24	**show** 보여주다	showed 보여줬다	shown 보이는
25	**hear** 듣다	heard 들었다	heard 들린
26	**run** 달리다, 운영하다	ran 달렸다, 운영했다	run 달린, 운영된
27	**hold** 붙들다	held 붙들었다	held 붙들린

	불규칙 동사	과거형	과거분사형
28	**bring** 가져오다	brought 가져왔다	brought 가져와진
29	**write** (글로) 쓰다	wrote (글로) 썼다	written (글로) 쓰인
30	**sit** 앉다	sat 앉았다	sat 앉혀진
31	**stand** 서있다, 세우다	stood 서있었다, 세웠다	stood 세워진
32	**lose** 잃다	lost 잃었다	lost 잃어버린
33	**pay** 지불하다	paid 지불했다	paid 지불된
34	**meet** 만나다	met 만났다	met 충족된
35	**set** 놓다	set 놓았다	set 놓여진
36	**learn** 배우다	learned 배웠다	learned 학습된
37	**lead** 이끌다	led 이끌었다	led 이끌리는, 지도 받는
38	**understand** 이해하다	understood 이해했다	understood 이해된
39	**speak** 말하다	spoke 말했다	spoken 말해지는
40	**read*** 읽다	read 읽었다	read 읽혀진
41	**spend** 쓰다, 소비하다	spent 썼다, 소비했다	spent 쓰여진, 소비된

* read의 과거형, 과거분사는 '레드'라고 읽어요!

	불규칙 동사	과거형	과거분사형
42	**grow** 기르다	grew 길렀다	grown 길러진
43	**win** 이기다, 얻다	won 이겼다, 얻었다	won 얻어진
44	**buy** 구입하다	bought 구입했다	bought 구입된
45	**send** 보내다	sent 보냈다	sent 보내진
46	**build** 세우다	built 세웠다	built 세워진
47	**fall** 떨어지다	fell 떨어졌다	fallen 떨어진
48	**cut** 자르다	cut 잘랐다	cut 잘린
49	**sell** 팔다	sold 팔았다	sold 팔린
50	**drive** 운전하다	drove 운전했다	driven 운전된
51	**break** 부수다	broke 부쉈다	broken 부서진
52	**wear** 입다, 낡다	wore 입었다, 낡았다	worn 낡은, 해어진
53	**hit** 치다	hit 쳤다	hit 치인
54	**eat** 먹다	ate 먹었다	eaten 먹힌
55	**teach** 가르치다	taught 가르쳤다	taught 가르쳐진

영문법의 기본기를 처음부터
다시 다지고 싶은 쌩초보들을 위한

**매일 10분
왕기초 영문법의 기적**
영문법이 이해되고
영어패턴이 읽힌다

초판 4쇄   2022년 12월
저자   키 영어학습방법연구소
펴낸이   김기중
펴낸곳   ㈜키출판사
전화   1644-8808   /   **팩스**   02)733-1595
등록   1980. 3. 19.(제16-32호)

© 2017 Key Publication
정가 12,000원
이 책의 무단 복제, 복사, 전재는 저작권법에 저촉됩니다.
잘못 만들어진 책은 바꾸어 드립니다.
ISBN 978-89-7457-536-6 (13740)